U0712081

本书获得国家社科基金项目资助

《社保基金监管立法研究》（09BFX053）

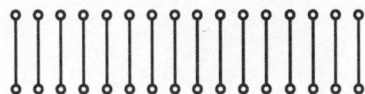

论养老金监管立法

胡继晔 著

Research on Pension Regulatory Legislation

中国政法大学出版社

2013 · 北京

前 言

年老是几乎每个人都将面临的问题。从人类的童年时代起就产生了面对自身年老的恐惧，接近北极的爱斯基摩人曾经有老人光身走进雪野以保全氏族的传统，古代中国也有把老人置身瓮中、放诸山洞任其自生自灭的记录。中国数千年的历史中大部分都是通过"养儿防老"的家庭制度设计来解决养老问题的，尊老爱老传统的形成与其说是文化的薪火相传，毋宁说是与中国人长期农耕文明相适应的非正式经济制度。从伊丽莎白一世时期英国的《济贫法》到德国俾斯麦时代的社会养老保险体系的建立，西方经济发展为当代社会养老体制的建立奠定了物质基础。现代社会养老制度的建立只有不过百多年的历史，主要就是希望通过制度化的社会养老来规避个体自我养老、家庭养老的风险。美国1935年在大萧条背景下通过的《社会保障法案》不仅仅为辞典中增加了"社会保障"这一词汇，更为市场经济条件下政府的角色建章立制。依该法所建立的政府强制性第一支柱现收现付养老金保障了老年人的基本生存，私营养老金的大发展则保障了大部分美国人的老年尊严。以401K计划为代表的延递纳税促使储蓄率很低的美国人为自己的年老而投资，客观上为资本市场的大发展提供了源源不断的资金。美国养老金与资本市场的精妙结合，为今日美国的经济霸主地位奠定了基础。

当今中国面临着诸多不确定性，抛却国际风云变幻的影响，在国内经济发展的同时，社会矛盾不断加深，如何完成顺利转型成为当政者、对中国前途忧思的普通中国人不得不认真思考的问题。在诸多社会问题中，对未来养老的恐惧如同历史上饥馑的记忆一样引起诸多中国人的不安。第六次人口普查及抽样调查数据显示：中国是世界上唯一一个老年人口超过1亿的国家，而且每年还以3.2%的速度增长。2011年，中国60岁及以上的老年人已达1.85亿人，占人口总数的比重为13.7%；65岁及以上的老年人已达1.23亿人，占9.1%；由于青壮年是城市化的"主力"，农村地区老龄化的速度更加惊人，农村老年人口的比重为18.3%。[1]国际上通常认为，当65岁的人口占总人口7%就意味着进入老龄化社会，占14%则是进入深度老龄化社会，20%则进入超级老龄化社会。预计2035年前后，中国将进入超级老龄化社会。老龄化的加剧，加上全球独一无二的"独生子女"政策，未富先老的中国在未来的数十年里养老的压力会越来越大。

正是因为对未来养老的忧虑，加之"积谷防饥"的传统，才使得中国的储蓄率高居世界前列。任何社会的可持续发展都需要储蓄（投资）和消费的协调，当很多经济学家诟病中国人不肯如欧美发达国家那样大胆消费之时，其实忽视了储蓄是理性中国人不得不做出的无奈选择。从解决社会矛盾的角度出发，解除民众对养老金的后顾之忧，不仅可以造福百姓，也可以从根本上消除民众对未来养老问题的不确定性，真正促进社会和谐。

---

〔1〕 参见叶紫："老年人口过亿　农村老人居多——中国面对'未富先老'挑战"，载《人民日报》（海外版）2011年5月19日，第3版。

　　消除民众对未来不确定性忧虑最好的方案就是建立可信赖的制度性养老保障。中国自 1997 年开始正式确立的"社会统筹和个人账户相结合"的养老保险制度经过十多年的发展取得了很大成就，养老保险的覆盖面不断扩大，《社会保险法》也已经于 2011 年 7 月 1 日起实施，但制度建设还远远没有完善，近年来推迟退休年龄、养老金存在巨大缺口的话题引起巨大反响就是明证。现在留给中国改善公共政策的时间已经非常短了，如何消除民众对未来的不确定性的忧虑，真正如西方发达国家的民众一样放心消费，不为未来担忧，就迫切需要建立制度化的、可预期的、可信赖的养老金体系，这一体系需要真正的"顶层设计"。

　　养老保险制度改革进行顶层设计应当遵循这样几条原则：其一，必须以《宪法》第 45 条"中华人民共和国公民在年老、疾病或者丧失劳动能力的情况下，有从国家和社会获得物质帮助的权利"为圭臬，结合《社会保险法》的相关规定来进行设计，尊重法律的权威。其二，考虑制度的衔接，应当以正在实施中的企业职工养老保险、新农保、城市居保为基础，把养老保险扩大到公务员、参公人员、事业单位职工和其他所有未参保群体，构建保障公民年老后基本生活的"国民基础养老金"。其三，应当根据养老金"社会统筹"部分所具有的"税"的性质，将原来的养老保险缴费改为社保税，结余部分不得进行除特种国债之外的任何投资。其四，为确保公务员、参公人员、事业单位职工进入统一的养老保险制度，可以采取"老人老办法、新人新办法"的改革思路，确保已退休人员待遇不降低，吸引、鼓励现职和新入职公务员、参公人员、事业单位职工和其他所有新制度的参与者建立第二支柱的职业年金，给他们的未来以明确的预期。其五，明确原企业职工、新农保、城市居保等养老保险参与者的个人账户养老金的私有产权性质，杜绝新的挪用；所有个人账户养老金、企业年金、新建立的职业年金由新筹建的国家养老金理事会进行投资运营，此前个人账户养老金的空账则由全国社保基金理事会作为弥补的责任人，继续划拨国有资产充实之。

个人账户养老金目前存在的"空账"问题属于转轨成本，逐步做实以后的企业职工养老金数额会越来越大，再加上公务员和参公人员加入社会统筹之后所建立的公务员和参公人员的职业年金，以及本身就是以个人账户为主的新农保养老金，未来属于民众个人名下的养老金账户将是一个天文数字。如此巨额资金，将为中国下一步实施长期资本发展战略、建设金融大国奠定丰厚的物质基础。

目前中国资本市场的问题多多，2012年上证指数甚至还低于12年前的点位，股票市场不仅没有成为实体经济的"晴雨表"，却成为上亿股市投资者的伤心地。资本市场的发展远远落后于实体经济的发展，原因很多，但最关键的原因之一就是缺乏真正长远眼光的机构投资者。从美国的经验来看，中国发展金融市场、资本市场最为迫切的任务，就是扎扎实实制定养老金和资本市场结合的相关法律，建立从养老金筹集时的税收优惠到投资运营贯彻市场化原则的养老金融法律体系，为经济发展提供源源不断的资金支持。

中国目前正在转变经济增长方式，从制造大国向创造大国迈进。在此进程中，金融业、尤其是直接融资的资本市场将发挥从未有过的重大作用。如果说资本市场本身是一个庞大水库的话，完善的法律就是防渗层和堤坝，保持库容的核心是"为有源头活水来"，即需要稳定的资本来源。越来越庞大的个人账户养老金作为一个巨无霸的资金源泉，只能通过资本市

场这一庞大的水库存储，才能不会白白流失。中国人利用近
20 年的时间建成了世界上最大的三峡大坝，也应当有能力建
设养老金融这一世界上另外一座社会工程的丰碑。果如是，民
众对未来养老的担忧可以大部分消除，在中国经济的投资、进
出口和消费的"三驾马车"中，消费拉动将发挥决定性的作
用，与此同时，庞大的养老金也会为投资提供重要的资金
支持。

中国到 2050 年之前成为中等发达国家，需要学习和借鉴
上个 100 年中发展最成功的美国的经验。虽然美国人储蓄率很
低，税收优惠却造就了其个人账户养老金的爆炸性增长，反过
来造就了资本市场独步全球。美国作为当今第一军事、经济强
国，更是第一金融强国，华尔街成为全球金融的最大集中地，
超强的金融实力、美元的全球霸权支撑着美国的军事存在和经
济体系，而其金融体系中最为重要的机构投资者就是养老金。
中国经济总量坐二望一之时，想要和平崛起难免在军事、金融
方面与美国产生摩擦，其中尤其需要大力拓宽金融市场中的直
接融资渠道。中国目前是外汇储备第一大国，却不是资本市场
大国；是第一劳动力大国，却不是养老金大国。通过未来养老
金融的大发展，把中国造就成为第一资本大国、第一养老金大
国，解除养老的后顾之忧，真正实现 2500 年前孔子在《礼
记·礼运篇》中的理想："大道之行也，天下为公……使老有
所终，壮有所用，幼有所长，鳏寡孤独废疾者皆有养"。

胡继晔

2013 年 5 月

目 录
CONTENTS

第一章

养老金监管立法引论

第一节　养老金监管立法的
紧迫性和必要性

社会保障的核心在于防范由于年老、疾病、工伤、失业、生育而带来的不确定性和风险。由于中国特有的独生子女政策和人口的迅速老龄化，未来的养老金将面临保值增值的巨大挑战。在最近几年全国"两会"召开之际，人民网公布的最受网民关注的热点议题中，"社会保障"多次位列第一，由此可见，对养老金的法律规制在未来相当长的时间内是中国社会保障、社会管理中的核心问题。

养老金的话题虽然在中国的热议开始不久，但在欧美发达国家，养老金已经越来越成为金融体系中一个不可或缺的重要资源，对越来越庞大的养老金融资产进行监管因而也成为各国立法、修法的焦点之一。在美国，1974 年通过的《雇员收入保障法案》为养老金的安全奠定了法律保障；而 1978 年税法修订后所诞生的 401K 计划，则为养老金大发展铺平了道路。养老金经过几十年的大发展已经成为资本市场中最重要的机构投资者：1974 年底时，全美养老金投资额约 1500 亿美元，占股票总市值的约30%；[1] 而根据美联储2011年三季度的统计，全美养老金资产已达12.5万亿美元，占美国居民总资产的17.6%，相当于美国证交所股票总市值的85%。[2] 2011年1月1日，欧洲保险与职业年金管理局（European Insurance and Occupational Pensions Authority，EIOPA）正式成立以取代自2003年11月成立的原欧洲保险与职业年金监管官委员会（Committee of European Insurance and Occupational Pensions Supervisors，CEIOPS）。欧洲银行局、欧洲证券与市场局和其他国家的银行业监管机构、证券业监管机构都很相似，不同的是欧洲保险与职业年金管理局（EIOPA）把养老金提高到了和银行、证券、保险等传统金融产品同样重要的位置来进行监管，由此可见，养老金监管在欧洲金融监管领域的重要性。

在养老金融实践发展的同时，其理论探索也已经越来越成为金融理论的前沿课题。被经济学泰斗保罗·A. 萨缪尔森（Paul A. Samuelson）称为"现代金融理论界牛顿"的罗伯特·C. 莫顿（Robert Carhart Merton）教授获得了1997年度的诺贝尔经济学奖，他和兹维·博迪（Zvi Bodie）合著的《金融学》成为欧美各大院校的主流教材，该书中大量篇幅用于探讨养老金和资本市场结合的养老金融问题。[3] 英国养老金研究院（Pensions Institute）的创始人大卫·布莱克（David

---

〔1〕 [美] 彼得·德鲁克：《养老金革命》，刘伟译，东方出版社2009年版，第12页。

〔2〕 See "$12.5 Trillion of U. S. Pension Fund Investment in Preference Shares"，Website of Stock Market Today：http://www. stockmarkettoday. cc/12-5-trillion-of-u-s-pension-fund-investment-in-preference-shares. html，访问日期：2012年6月16日。

〔3〕 [美] 兹维·博迪、罗伯特·C. 莫顿：《金融学》，伊志宏译，中国人民大学出版社2003年版。其中，萨缪尔逊的评价见其为该书所做的序言。

Blake）教授更是出版了题为《养老金金融》（Pension Finance）的专著，从货币市场、债券市场、信贷市场、股票市场、投资信托、保险、金融衍生品、房地产等金融形态的角度来研究养老金与它们的结合，是开创性的养老金融专著。[1]

国外对养老金融相关问题的重视也同样引起了国内学界、业界和管理层的重视与思考。中国改革开放以来，城市化把众多原来的农民推向城市，而社会保障制度的缺失使得城市并未为他们准备好养老金，未来中国的老年风险巨大。与此同时，中国资本市场目前已经成长为世界第三大市场，但股市并未成为高速发展的中国经济的"晴雨表"，很多人因此而认为养老金入市是"羊入虎口"。到 2011 年底，我国基本养老保险基金累计结余已达 1.92 万亿元，[2]但由于个人账户养老金入市无法律依据，和民生息息相关的养老金资产在很多省份只是以活期存款的形式存在财政专户中，近 2 万亿的养老金每年的利息损失就高达 300～500 亿元，考虑到近几年 CPI 高企，通货膨胀造成的损失更为惊人。由此可见，养老金存放在财政专户并不安全，而是每天都面临贬值的压力；而全国社保基金 10 年的经验表明，养老金投资资本市场也未必不安全。因此，本书主要研究如何在确保安全的情况下打开养老金入市投资的闸门，通过法律规制养老金的入市投资，实现养老金与资本市场的良性互动。

我国已经建立了"社会统筹与个人账户相结合"的基本

---

〔1〕 David Blake, *Pension Finance*, John Wiley & Sons Ltd., West Sussex, 2006.

〔2〕 数据为 2012 年 1 月 20 日人力资源和社会保障部新闻发言人尹成基在新闻发布会上所发布。参见网址：http://finance. sina. com. cn/china/20120120/115511249087. shtml.

养老保险制度，社会统筹主要解决横向的社会公平问题，个人账户养老金则主要解决纵向的效率问题。因此，本书提出不同类型的社保基金必须分类投资、分类监管的观点。对于统筹部分养老金，由于其现收现付的资金性质，可以由国家发行其利率、期限都最优惠的特种国债，以国家信用来保障基本社会保险基金（含统筹部分养老金和医疗、工伤、失业、生育基金）投资的安全、高效。对于积累部分个人账户养老金，为抵御通货膨胀的压力，应当允许投资股票、证券投资基金等风险和收益都比较高的品种。从长期来看，养老金投资股市就是投资了中国发展最好的企业群体，投资债券就是投资了平稳增长的行业和基础设施建设项目。养老金通过参与以股市和债市为主的资本市场，可以分享中国经济发展的成果。

国务院在 2011 年 12 月发布的《社会养老服务体系建设规划（2011～2015 年）》中规定，鼓励和引导金融机构在风险可控和商业可持续的前提下，创新金融产品和服务方式，改进和完善对社会养老服务产业的金融服务，增加对养老服务企业及其建设项目的信贷投入。积极探索拓展社会养老服务产业市场化融资渠道。国家层面的规划为未来养老金融的发展奠定了基础，需要做的是如何把这些规划落到实处。

在本书写作期间，社会各界对养老问题、养老金融、养老金投资监管问题的关注越来越多。2012 年 2 月 2 日，当时证监会新任主席郭树清在《中国证券报》上发表署名文章，指出将积极推动养老保险基金、住房公积金等长期资金入市。紧随其后的《人民日报》在 2 月 5 日刊登题为"养老金何时能入市"的文章，更是把养老金入市的争议推向高潮。3 月 21 日，广东 1000 亿养老金获准通过委托全国社保基金理事会入市。2012 年 6 月，关于推迟退休年龄、养老金缺口 18 万亿的相关话题成为引起社会各界重视的舆论焦点。越来越热的养老金话题使得更多人不得不思考这样一些问题：普通中国人未来的养老问题如何解决？如何通过立法、修法来为养老金入市铺平道路？养老金入市需要遵循什么样的法律规则？在养老金入市之后，法律如何规制未来可能发生的问题，解决养老金入市的后顾之忧？这些问题都是热门话题之下的冷思考，也是本书研究的核心问题。

本书是《社保基金监管立法研究》课题三年多来的主要成果，即基于养老金入市问题的紧迫性和复杂性，研究如何通过养老金入市的法律规制，来防范未来养老金可能存在的最大风险——贬值，并由此而引发的老龄化加剧、社会保障体系不堪重负等社会风险。与此同时，根据国外养老金融的发展，为下一步中国养老金融发展与监管提出有建设性的意见和建议。

第二节　养老金监管立法文献综述

对养老金的监管理论研究可以从管制（Regulation）理论开始。按照目前国外学界对养老金监管理论研究的状况，可以划分为三类主要研究方向：基于公共利益理论的养老金监管、基于管制俘获理论的养老金监管，以及基于审慎人规则和严格数量限制两种监管规则的研究。而国内学者的研究更集中于养老金制度和刑法规制的研究。

一、基于公共利益管制理论的养老金监管研究

在任何一个建立了现代社会保障制度的国家，养老金都会涉及绝大多数公民的公共利益，公共利益理论因而是养老金监管的基础理论。

在司法实践层面，美国 1877 年马恩诉伊利诺伊州案（Munn v. Illinois）的判决诞生了一项重要原则，即：当财产以一种具有公共效应的方式被使用且对社会产生普遍影响时，它就被赋予了公共利益的意义；当一个人将财产使用在具有公共利益的用途方面时，他实际上就在那种用途上赋予了公众一项利益，因此他必须接受公众的管制。[1]而在西方经济学语境中，福利经济学的创始人庇古（Pigou，1920）认为，由于外部性的存在、各行业的规模经济不同以及垄断等市场失灵现象的存在，应当由政府对资源配置进行干预，如对引起污染的产业征税，通过限制垄断来保护竞争。[2]证明了一般均衡存在性的法国经济学家瓦尔拉斯（L. Walras）在 1936 年通过对铁路建设营运的研究提出了关于自然垄断管制的经济分析。他建议国家基于公共商品和自然垄断对铁路业进行干预，期望政府的管制能够维护公共利益。[3]

可以看出，公共利益是管制的基本出发点，而作为社会保障制度核心的养老金是涉及普通公众公共利益的重要制度。由于养老金投资和储蓄产品的结构非常复杂，存在着税收激励、流动性限制、可投资工具的限制等，普通养老金投资者在投资时很难对其进行估值。与此同时，和大多数金融产品一样，养老金管理中存在"委托 – 代理"问题，即养老金资产的管理人有动机进行违背基金成员利益的高风险投资以使自己收益最

---

〔1〕 ［美］W. 基普·维斯库斯、小约瑟夫·E. 哈林顿、约翰·M. 弗农：《反垄断与管制经济学》（第四版），陈甫军、覃福晓等译，中国人民大学出版社 2010 年版，第 362 页。

〔2〕 ［英］A. C. 庇古：《福利经济学》，商务印书馆 2007 年版。原文书名：The Economics of Welfare，Arthur Cecil Pigou，首次于 1920 年由伦敦麦克米兰公司出版。

〔3〕 转引自 ［美］丹尼尔·F. 史普博：《管制与市场》，余晖等译，格致出版社、上海三联书店、上海人民出版社 1999 年版，第 5 页。

大化。例如所罗门（Solomon，2007）的研究案例就非常发人深省：英国镜报集团董事长麦克思威尔从自己控股公司所管理的养老基金中盗窃转移了 7.27 亿英镑的资产，公司于 1991 年破产后，数万职工丧失了全部或部分养老金，成为 20 世纪英国最大的欺诈丑闻。[1]

　　由于逆向选择和道德风险所引起的代理人问题可能直接引起养老金资产的滥用和欺诈，为避免系统风险和保证养老金制度的可持续性，政府的监管是非常必要的，此时政府行为是以准则、法规或法律条文的形式出现的（Clark，2003）。[2] 其中，养老金领域信息不对称的一个突出特点是道德风险。美国根据国会通过的《1974 年雇员退休收入保障法案》（Employee Retirement Income Security Act of 1974，ERISA）设立了政府直接管理的"联邦养老金保障公司"（The Pension Benefit Guaranty Corporation，PBGC），用于保障雇员退休后因原工作单位的待遇确定型养老金计划失败而获得退休金保障，但 PBGC 自身目前已深陷入不敷出的困境。[3] 由于类似 PBGC 这样公共担保机构的存在，养老基金管理人的行为可能导致过多风险，对养老基金的政府担保成为道德风险之源。为避免美国 PBGC 的困境重现，英国根据《2004 年养老金法》而成立的"养老金保障基金"（Pension Protection Fund，PPF）在成立之初就赋予英国养老金监管局防范道德风险的职能，如在雇主或管理人负债情况下对第三方进行故意不作为时的缴费警告、财务支持指引，

---

〔1〕 Jill Solomon, *Corporate Governance and Accountability*, 2nd ed., John Wiley & Sons, 2007, pp. 51~52.

〔2〕 G. L. Clark, *Pension Fund Governance*: *Moral Imperatives*, *State Regulation and the Market*, Oxford University Centre for Environment, Oxford University, 2003.

〔3〕 胡继晔："美国社保基金分类监管法律体系及其对中国的启示"，载《国际经济评论》2007 第 9、10 期。

以避免道德风险。[1]

养老金由于涉及广大公众的利益，因而应当对其进行监管。在一些发展中国家，养老金监管还是一个新兴事物，在这方面的理论基础还很薄弱的情况下，公共利益理论是养老金监管的理论基础和合法性基础。对其他金融领域（如银行业和证券业）规范和监管的论著很多，银行业的巴塞尔协议也已经深入人心，我们可以借鉴这些金融领域的监管理念，应用于养老金的规范和监管。其实，早在1959年，曾任美国律师协会劳动关系法分会主席的法学家伊萨克逊（Isaacson，1959）就指出：为了减少养老金管理中的疏忽、管理不当和错误投资，建立诚信、可靠的管理体制，仅靠其股东限制和普通法事后的诉讼是不够的，必须对养老金进行有效的主动监管，监管的目的就是保护成千上万普通劳动者面临疾病和年老时的安全。[2]这些思想不仅仅贯穿在美国国会1958年通过的《福利与养老金计划披露法案》中，在此后的《1974年雇员退休收入保障法案》（ERISA）中也有体现，比如ERISA第404条对"受托责任"的定义是：基金管理人的"唯一目标是为参与人和他们的受益人提供收益，收取合理的管理费用"。由此可见，从公共利益的角度出发，对养老金有效的监管可以使个人愿意参加长期的契约型储蓄计划，降低他们年老时的高龄风险，提高整个社会的福利。

---

[1] Freshfields Bruckhaus Deringer, "The Pensions Act 2004: moral hazard provisions", 2005, available at http://www.freshfields.com/publications/pdfs/practices/11664.pdf.

[2] William J. Isaacson, "Employee Welfare and Pension Plans: Regulation and Protection on Employee Rights", vol. 59 (1) *Columbia Law Review*, 1959, pp. 96 ~ 124.

二、基于政府管制俘获理论的养老金监管研究

基于经济学中芝加哥学派自由主义思想对政府管制根深蒂固的不信任，诺贝尔经济学奖获得者斯蒂格勒（Stigler，1971）发表的经典论文《经济管制论》认为：政府的基础性资源是强制权，是管制的供给方；而作为理性经济人的利益集团可以说服政府使用强制权去为它谋求最大效用，是管制的需求方。因此，管制只是一个途径，通过它，利益集团可以让政府将财富从社会其他部分转移到自身以提高其收益。[1]佩尔兹曼（Peltzman，1976）进一步完善了斯蒂格勒的利益集团管制理论，认为政府管制的实质是将垄断利润的最终归属的决定权授予政府管制当局。政府管制者有私利的需要，被管制企业通过向政府提供虚假信息，使政府制定有利于自己的管制政策，通过寻租可能将管制者俘获。[2]政府管制俘获理论倾向于解除管制（De-regulation），这是芝加哥学派尊崇自由市场、反对政府管制思想的集中反映。

一些学者在养老金监管领域的研究中所得出的结论支持了政府管制俘获理论。耶鲁大学法学院罗曼诺教授（Romano，1993）系统研究了美国地方政府公共养老基金的投资行为。康涅狄格州一家名为"Colt 实业"的企业陷入经营困难，为保护该州的就业机会，康州养老基金对其进行长期战略投资2500 万美元，购买其相当于 47% 的股权，结果后来该企业倒闭，给该州养老基金造成了重大损失。堪萨斯州养老金对本州

---

〔1〕　George J. Stigler, "The Theory of Economic Regulation", vol. 2 （1） *Bell Journal of Economics and Management*, 1971.

〔2〕　Sam Peltzman, "Towards a More General Theory of Regulation", vol. 19 （2） *Journal of Law and Economics*, 1976.

企业进行重磅投资，其中一家钢铁公司倒闭造成基金损失1亿美元，为应付州立法机构的质询，基金理事会只能把负责的基金管理公司解雇了事。明尼苏达州立法机构1988年就批准了州公务员养老金可以进行海外投资，但当1992年基金理事会决定将资产的10%进行海外投资时却遭到了工人反对，理由是海外投资会降低本州的就业水平，资助海外竞争对手以更低的工资水平与本州企业竞争，而实际上私营养老金早就可以投资海外。基于这些案例，罗曼诺教授估计1985~1989年之间由于强制性的社会投资政策和公共部门的干预，美国各州公务员养老金投资损失总计大约282亿美元。因此，她认为，为保护养老金受益人的根本利益，《雇员退休收入保障法案》第404条受托责任中"唯一目标是为参与人和他们的受益人提供收益"的标准不仅不能修改，还应该从私营养老金领域延伸至公共养老基金及其管理公司。[1]

除类似宾州这样的地方政府外，20世纪90年代克林顿政府上台后，1994年6月劳工部颁布公告对ERISA第404条款中关于养老基金管理人"受托责任"进行了重新定义，鼓励和要求基金管理人在做投资决策的时候要考虑到"经济学目标的投资"（Economically Targeted Investments，ETIs）。ETIs投资政策的基本特征改变了传统的以基金受益人的回报率最大化为唯一目标的基金投资战略，额外地加入了建筑公共住宅、创造就业机会、促进投资等政治目的，根据美国国会联合经济委员会1995年的调研报告，地方政府对养老金的这些投资政策

---

〔1〕 Roberta Romano, "Public Pension Fund Activism in Corporate Governance Reconsidered", vol. 93 (4) *Columbia Law Review*, 1993, pp. 795~853.

导致养老金年收益率降低了1.9%~2.4%。[1]

和罗曼诺的研究相似，马丁和迈恩斯（Martin and Minns,
1995）研究了英国一个边远地区制造业工厂的案例，该厂因
经营不善而被计划关闭，从而使200名工人失去工作。工会和
当地地区利益联盟希望挽救该工厂，尽管没有能吸引到该地区
投资者，也没有银行来担保这项购买，不过该厂从一个拥有近
50亿英镑资产的养老基金处获得了所需要的2500万英镑资
金，两年后该厂的投资失败，养老基金也失去了它的全部投
资。[2]这个案例和罗曼诺教授所述美国的案例几乎如出一辙。

从上述两个案例可以看出，20世纪80~90年代英国、美
国政府对养老金监管原则的改变，地方政府及其官员、地方利
益集团绑架和俘获了养老金投资，甚至被牛津大学著名的养老
金专家高顿·L.克拉克（Gordon L. Clark）教授之为"养老金
腐败"。[3]中国养老金政府管制的实践也有类似的情形。2006
年上海社保大案涉案金额34.5亿元，主要原因是地方政府抓
住庞大的资金不放，个别领导个人说了算，搞暗箱操作，没有
监督，没有决策民主化和透明化，[4]最终形成了腐败，将公
共资金的社保基金投入到私人手中，和罗曼诺教授所描述的美
国地方公共养老金投资所造成的低效有相似之处，都是典型的

〔1〕 郑秉文："美国地方养老基金失败教训发人深省"（《社保基金与资本
市场》系列研究之三），载《中国证券报》2003年6月20日，第12版。

〔2〕 R. L. Martin, R. Minns, "Undermining the Financial Bases of Regions:
The Spatial Structure and Implications of the UK Pension Fund System", 29 *Regional
Studies*, 1995, pp. 125~144.

〔3〕 ［英］高顿·L.克拉克：《养老金基金管理与投资》，洪铮译，中国金
融出版社2008年版，第124~126页。本书原英文书名即为《养老金资本主义》，
译者改为现名。

〔4〕 郑秉文："中国产生社保案的制度原因及解决办法"，载《国际经济评
论》2007年第5、6期。

"政府失灵"。

由此可见，养老金管制的"政府失灵"带来的收益为负值，只有解除这样的管制才能恢复养老金投资管理人以基金受益人利益最大化为唯一目标的养老基金投资战略。

三、现实中养老金监管规则的比较研究

公共利益管制理论和管制俘获理论只是养老金监管的基础理论，更多的养老金学者主要研究在不同国家的法律框架内养老金监管规则的差异，主要涉及对审慎人规则（Prudent Person Rule，PPR）和严格数量限制规则（Quantitative Asset Restrictions，QAR）的研究。

审慎人规则源于英国信托法，强调对养老基金受托人内部控制、治理结构和信息披露行为的监管和规范。受托人必须履行注意义务（duty of care）和信义义务（duty of loyalty），前者要求受托人管理信托事务必须尽到合理的审慎和注意义务，即应当像一个审慎的普通商人处理自己事务一样去处理受托事务。后者要求受托人应忠实地为受益人利益处理信托事务，不得将自身置于与受益人的利益相冲突的地位。美国 1830 年哈佛学院诉阿默利（Harvard College v. Amory）是审慎人规则发展史上具有划时代意义的经典判例，马萨诸塞州法院裁定：只要受托人诚信投资，投资于私人证券也是合法的，摈弃了原来"法定投资表"限制投资种类的做法，形成了"哈佛学院规则"（Harvard College Rule）。[1]二战后，哈佛学院规则的影响更加深入，由于马克维兹（Markowitz，1952）现代投资组合理论（Modern Portfolio Theory）的迅速传播，审慎人规则出现

---

〔1〕 Harvard College v. Amory, 9 Pick. (26 Mass.) 446, 461, 1830.

了新的法律标准，即为了遵从现代投资组合理论，受托人有义务将投资组合多样化（diversification），从而达到规避风险前提下收益最大化的投资目标。[1]新的审慎人规则根植于《信托法重述（第3次）》[Restatement（Third）of Trusts]和《统一审慎投资者法》（Uniform Prudent Investor Act，UPIA），这两者都采纳了现代投资组合理论，立法采纳经济学的原则在信托法的修法中得到了完美体现，是美国法学界开放性地积极采纳经济学研究最新成果的典范。

　　基于普通法传统，美国对养老金监管实施审慎人规则。《雇员退休收入保障法案》第401（a）（1）规定："……受托人根据参与人和受益人的利益履行自身的职责……必须以必要的注意、技能、审慎和勤勉，这种必要的细心、技能、审慎、勤勉是指在当时的情况下，一个以同样的能力和同样熟悉相关事物的审慎的人，在经营一个同样性质和同样目的的事业时会使用的注意、技能、审慎和勤勉；通过养老计划的投资多样化，以实现主要损失的风险的最小化，此外，在其他情况下能够确信其他的行动方式是审慎的……"[2]由此可见，所谓审慎人规则是指在养老计划和养老基金的管理过程中，管理机构应该履行必要的审慎程度，这种必要的审慎程度是指一个正常审慎的人在与他们从事财产交易时所应具有的审慎程度。[3]

　　严格数量限制规则（QAR）是指对养老基金投资的资产

---

　　[1]　Harry M. Markowitz，"Portfolio Selection"，vol. 7（1）*The Journal of Finance*，1952，pp. 77～91.

　　[2]　See The Employee Retirement Income Security Act of 1974（ERISA），（Pub. L. 93-406，88 Stat. 829，enacted September 2，1974.

　　[3]　E. Philip Davis，"Prudent Person Rules or Quantitative Restrictions? The Regulation of Long-term Institutional Investors' Portfolios"，*Journal of Pension Economics and Finance*，2002，pp. 157～191.

类别、投资比例等进行直接的数量限制，监管理念是纯粹的"安全"理念，对养老基金持有低流动性、高波动性、高风险性的资产都有禁止性规定或比例限制，比如对股票、风险资本、实物资产以及外国资产等的投资限制。严格数量限制规则的主要特点有：集中于对投资的资产类别和投资比例进行直接的数量限制，而不是对投资组合进行限制；对股票、风险资本、实物资产以及外国资产等风险资产实行数量限制；不允许投资的自由选择；建立严格的信息披露制度，信息披露的内容包括养老基金资产估价的原则、资产估价的频率及其他财务数据等，监管机构通常直接审查信息披露的真实性、准确性和完整性。[1]严格数量限制规则比较适用于资本市场和法治环境不健全的市场，其内在缺点主要在于妨碍了养老基金投资组合管理的最优化，包括限制了金融衍生工具的使用和投资策略的运用，过分关注于单个资产品种而不是资产组合，缺乏灵活性，不能随股票、货币或不动产市场的变化而相应调整资产配置，也限制了国际投资多样化可以带来的益处。

　　上述养老金的两种监管规则的不同造成养老金发展的差异。牛津大学的克拉克教授（Clark，1998）在比较了德国和英国的养老金体系之后发现：养老金已经成为普通法系国家异常重要的金融机构，尤其在美国和英国，养老金资产均达数万亿美元之巨，甚至超过了世界上很多主权国家的财富。因养老金资产在过去40年里得到了惊人的增长，加上非银行金融机构的发展，传统金融业的版图发生了深刻变化，养老基金已经

---

〔1〕 G. L. Clark, Y. Hu, "Rewriting Pension Fund Capitalism: the UK Pension Crisis and Trends in Occupational Pension Plan Benefits, 1950～2004", WPG 0509, *Economic Geography Working Paper*, The University of Oxford, Oxford. 2005,

成为证券市场的主导者，克拉克教授称之为"养老金资本主义"。[1]近年来，一些经济学家（LLSV，1998，2008）在金融领域对普通法系和大陆民法系的比较研究发现：外部投资者保护机制来源于法律及其实施系统，只有法律体系对于投资者利益的有效保护才能够维护金融市场的诚信，降低委托代理的成本和金融市场运行的成本，从而有利于经济的长期增长。不同的法律起源塑造了不同的法律体制、政治制度和监管规则，并进一步塑造了不同的金融体系，最终导致了不同的经济绩效。LLSV 不仅发现了法律在资本市场发展方面的重要性，还在比较法的视野下发现了法律渊源与金融发展模式之间的因果关系，不仅给金融学，同时也给比较法学、金融法学研究带来了一股清新的风气，法与金融本身也成为国际学术界所普遍关注的研究热点。[2]可以看出，从比较法学的角度来看，由于实施审慎人规则的大多数是普通法国家，而实现严格数量限制规则的则大多为大陆法国家，上述对两种监管规则的研究和近年来 LLSV 法律的起源与金融发展的研究有内在的逻辑一致性。

综上所述，目前在养老金监管理论研究中，公共利益管制理论和管制俘获理论主要作为养老金监管的基础理论，养老金学者更多的研究集中在不同国家的法律框架内养老金监管规则的差异，审慎人规则和实施严格数量限制规则的研究成为近年来养老金监管研究的重点。

〔1〕 Gordon L. Clark, "Pension Fund Capitalism: A Causal Analysis", Geografiska Annaler. Series B, vol. 80 (3) *Human Geography*, 1998, pp. 139~157.

〔2〕 R. La Porta, F. Lopez-de-Silanes, A. Shleifer and R. W. Vishny, "Law and Finance", vol. 106 (6) *Journal of Political Economy*, 1998, pp. 1113~1155; R. La Porta, F. Lopez-de-Silanes, A. Shleifer, "The Economic Consequences of Legal Origins", vol. 46 (2) *Journal of Economic Literature*, 2008, pp. 285~332.

四、国内学者在养老金监管领域的研究

从立法层次来看，虽然中国在 1994 年就将社会保险法列入立法规划，但直到 2011 年 7 月 1 日才开始实施《社会保险法》，前后长达 17 年，在此期间一直由国务院行政法规、部门行政规范性文件架构起社会保障的法律框架。巴曙松（2007）认为，社保基金监管部门的执法力度因法制不健全受到制约和障碍。同时，由于立法层次较低，执法缺乏相应的权威性和稳定性。对地方政府的监督有难度，横向对有关部门，纵向对地方政府都存在一些监督不力的问题。[1]同样地，张新民（2007）认为，社保基金监管过分依赖行政手段，社会监督呈现缺位状态。与其他国家主要是依靠立法来监管社保基金形成鲜明对比的是，我国主要采取的是行政手段。这种制度设计无论是在权威性、稳定性，还是在实施的效果层面，都存在明显不足。[2]

从部门法立法的角度出发，时任十届全国人大法律委员会委员、中国人民大学法学院院长王利明教授认为：制定社会保险基金监管法的条件已经具备，应该尽快制定单独的《社会保险基金监管法》，并与社会保险法等其他社会保障法律法规形成完整的基金监管体系，才能对社保基金的征收、管理、支付、运营等行为做出规范化的监督与管理，才能有效保证社保基金的保值增值，杜绝非法挪用社保基金等恶劣事件的发生，

---

〔1〕 巴曙松："我国社保基金监管的现状、问题和建议"，载《经济研究参考》2007 年第 58 期。

〔2〕 张新民："我国社会保险基金法律制度研究"，载《江西社会科学》2007 年第 2 期。

保证人民群众的"养命钱"与"救命钱"的安全。[1]

为了解决目前法律层级比较低的问题，冯果（2007）提出立法者需要考虑尽快制定一部较高法律层级的行政法规或法律，对社保基金的性质、资金来源、投资运营、监管者权力边界、纠纷解决机制尤其是法律责任等问题作出明确界定。社保基金监管法的出台是对法律缺位的弥补，必将对完善我国的社保基金监管体系产生深远影响。

对于社保基金监管机构的设立，郑功成（2007）认为，目前的社保基金监管属于分散监管，缺乏监管效率和权威性，因此社保基金应当实行集权监督，即社保基金监督必须要有一个权威部门，就是主管部门，并且要树立主管部门的权威，维护它的权威。其他部门可以发表意见，但不能越俎代庖；应当尽快提高统筹层次，实现社保基金垂直管理。社保基金的风险即失控的风险，也包括贬值的风险。此外，集权监督必须做到公开透明。主管部门应该报告社保基金收支情况，社会保险不属于商业秘密，公共基金要接受社会公开监督。这里的公开监督依据的是公开资料。[2] 与郑功成的观点类似，成新轩（2007）更进一步提出了机构设置的设想：建立一个独立于社会保障部门的监管机构——社保基金监管委员会，直接隶属于国务院，日常运作的活动经费由财政部门专门拨款。机构组成主要包括在各个地方设置地方监管办事处，垂直管理，对整个社保基金包括统筹账户的投资环节进行监督，包括绩效评估、

---

〔1〕 参见潘圆、刘声："王利明等30位代表联名呼吁制定《社会保险基金监管法》"，载《中国青年报》2007年3月12日。
〔2〕 郑功成："社保基金应该实行集权监督"，载《中国劳动保障报》2007年6月11日。

提供信息服务等进行监督。[1]

就社会保险基金监管的主要内容，人力资源和社会保障部副部长胡晓义认为：确保安全，是基金管理永恒的主题。针对在基金管理制度上、流程上的漏洞做好整改，推广基金监管软件使用，大力开展非现场监督，扎实推进内控制度建设；同时做好信息披露工作，研究进一步增强社保基金管理透明度的方式。[2]针对不同类型的基金监管，胡继晔(2007)[3]认为，应当根据不同种类的监管对象进行分类监管：严格禁止第一支柱基本保险基金投资股票，而应由国家提供定向发行的特种国债作为投资主渠道，接受公众和参保者的监督；对于第二支柱企业年金在初始阶段的监管应该贯彻数量限制规则，将来逐步向审慎人规则过渡；对于第三支柱的商业保险和个人投资，应该按照商业保险的监管条例执行监管，确保公开、公平、公正。[4]

在社保基金的投资管理部门和监管部门之间，刘志华(2005)认为应相互制约，有各自的职责，互不隶属。投资管理部门内部要严格遵守国家投资法规和政策进行投资管理，监管部门还应具有较强的独立性，按照法律规定的投资办法进行独立的监督和检查，确保基金按照规定去运转。同时，应建立分权制衡的运作机制，基金的运用决策系统、执行系统、考核

---

[1] 成新轩："我国养老保险基金运行监管机制存在的问题及对策分析"，载《经济论坛》2007年第14期。

[2] 参见新华社记者2010年3月4日专访在武汉参加全国社会保险局长会的人力资源和社会保障部副部长胡晓义。

[3] 胡继晔："美国社保基金分类监管法律体系对中国的启示"，载《国际经济评论》2007年第5期。

[4] 参见劳动和社会保障部副部长刘永富在2006年12月1日召开的"全国社会保险基金管理监督工作座谈会"的发言内容。详见网址：http://news.xinhua-net.com/fortune/2006-12/01/content_5420218.htm.

监控系统，由此形成相互协调、相互制约的分权制衡机制。[1]

　　针对统筹部分结余养老金的保值增值，郑秉文（2004）认为应该离开资本市场、离开基础设施和不动产、离开产业投资等领域，而由中央政府统一发行定向特种社会保险债券。[2]针对个人账户养老金，郑功成（2002）认为养老保险金通过投资运营来实现保值增值在国际上是一个必然趋势，适时探索养老保险基金（尤其是个人账户实账运行后形成的基金）与资本市场结合的方式和途径已经具有紧迫性。[3]在投资和监管模式的选择中，郑秉文（2008）认为，就中国社保基金管理主体的法律组织形式而言，欧盟经验中的"中央控制型"和"中央投资型"两种集中管理方式都比分散管理模式更有利于中国社保制度发展。[4]基于对严格数量限制规则和审慎人规则的成本－收益分析，胡继晔（2012）认为，就目前中国的现状来看，采取的严格数量限制规则是不得不采取的模式，这是因为我们国家更多借鉴大陆法系国家，而英美普通法系在社保基金监管方面更多是采取审慎人规则，这是我们在未来社保基金监管立法中需要认真考虑的重要问题。[5]

　　对于社保基金的投资策略和方式，郑功成（2007）主张，社保基金可以更多地考虑与国家的大型基础设施建设相结合，如南水北调、三峡工程、青藏铁路等，这种投资不仅是安全

---

〔1〕　刘志华："社保基金投资管理现状及对策"，载《经济师》2005年第8期。

〔2〕　郑秉文："构建我国社保基金投资管理体系的战略思考"，载《中国证券报》2004年3月23日、26日。

〔3〕　郑功成：《中国社会保障制度变迁与评估》，中国人民大学出版社2002年版。

〔4〕　郑秉文："欧盟国家社保基金监管立法及其对中国的启示"，载《中国社会保障》2008年第11期。

〔5〕　胡继晔："养老金监管的法经济学分析"，载《政法论坛》2012年第4期。

的，也是可以保值的。[1]从目前来讲，这是一种最便捷的途径。我们国家目前是经济高速成长期，直接投资有稳定的回报。在国家处于经济高速成长期，资本市场尤其是证券市场、股票市场不成熟的条件下，应该选择有良好投资回报的实业投资，而把不太成熟的证券市场先放在一边。与郑功成的观点有所区别，胡继晔（2007）则认为，我国社保基金应正确投资资本市场而非实体经济，社保基金投资股市就是投资了中国发展最好的企业群体，投资债券就是投资了平稳增长的行业和基础设施建设项目，社保基金通过参与以股市和债市为主的资本市场，可以分享经济发展的成果。[2]

在此前的社保基金监管工作中，位阶最高的是行政法规，即1999年颁布的《社会保险费征缴暂行条例》，经常会遇到处理某些个案缺乏法律依据、对监管中发现的欺诈行为处罚力度不够或不到位等问题。因此，周宝妹、郎俊义（2001）提出可以采取立法解释或刑法修正案的方式，建立和完善社保基金的刑法保护体系；[3]而陈信勇、程敏（2006）更进一步提出在完善社会保险法律体系的基础上，在刑法中增设"社会保险诈骗罪"，最终完善社会保障监管法律体系，提高司法监管的效力。[4]

一些国外的学者已经开始注目中国的养老金监管立法问题。研究中国政治与社会学的美国学者弗雷泽（Frazier，2004）认

　　〔1〕　郑功成："社保基金应该实行集权监督"，载《中国劳动保障报》2007年6月11日。

　　〔2〕　胡继晔："社保基金投资资本市场的收益－风险研究"，载《经济理论与经济管理》2007年第9期。

　　〔3〕　周宝妹、郎俊义："试论社会保险基金的刑法保护"，载《法学杂志》2001年第4期。

　　〔4〕　陈信勇、程敏："论社会保险欺诈的刑法规制"，载《贵州师范大学学报》（社会科学版）2006年第4期。

为：中国的养老金是退休职工和政府之间的一个双方都认为约定俗成的合约，是政府对职工的隐性负债。一旦有了明确的法律，在涉及养老金的问题上地方政府可以诉诸法院以解决企业缴费拖欠、漏缴、少缴的问题。由于中央政府没有足够的财力，因而一直回避城镇职工的养老金隐性债务问题，更不用说农村养老金了。在中央政府具有相应的财力之前，在目前中国碎片化的养老金制度基础上建立完善的监管体系是不切实际的。[1]

第三节　养老金监管立法需要解决的主要问题

由上述学者的研究可以看出：中国国内对社保基金监管的立法研究虽然取得了一定成果，但理论的进展滞后于实践的发展。西方国家的社保基金监管是建立在一套完善的法律制度基础之上的。美国的社会保障法体系中，从保险对象、保险项目、种类乃至社保基金经营与管理等，都以法律的形式固定下来。而法国则拥有《社会保障法典》，其中容纳了多部社保基金监管方面的法律，其中各项法律每年都在修改。中国目前还没有《社会保障法》，《社会保险法》刚刚通过。与发达国家相比，中国社保基金存量规模虽然不大，占 GDP 比例微不足道，但近几年发展快，积累速度惊人，1990 年社保基金储备几乎是从零起步，每年递增速度均在 20% 以上。到 2011 年底，我国基本养老保险基金累计结存 19 497 亿元，13 个做实企业职工基本养老保险个人账户试点省份共积累基本养老保险个人账户基金 2703 亿元，新型农村社会养老保险基金累计结存 1199 亿元，企业年金

---

[1] Mark W. Frazier, "China's Pension Reform and Its Discontents", *The China Journal*, No. 51 (Jan. , 2004), pp. 97~114.

基金累计结存 3570 亿元，[1] 如果加上全国社保基金资产 8688 亿元，[2] 中国的养老金总资产总额超过 3.5 万亿。社保基金的快速积累，对于基金监督管理工作提出了极大的挑战。

作为具有悠久成文法传统的国家，中国在养老金监管中参照并采纳严格数量限制规则是轻车熟路的选择，如 2001 年出台的《全国社会保障基金投资管理暂行办法》就原则规定了全国社保基金的投资比例：银行存款和国债投资的比例不得低于 50%；企业债、金融债投资的比例不得高于 10%；证券投资基金、股票投资的比例不得高于 40%。随着中国社保基金规模的不断增大，以及近几年中国发生了多起社保基金违法违规案件，特别是 2006 年上海社保基金大案[3]案发之后，民

---

〔1〕 数据参见 2012 年 6 月 4 日国家统计局、人力资源和社会保障部联合公布的《2011 年度人力资源和社会保障事业发展统计公报》。

〔2〕 数据参见 2012 年 6 月 15 日发布的《全国社会保障基金理事会 2011 年度报告》，参见其官方网站：http://www.ssf.gov.cn/cwsj/ndbg/201206/t20120618_5601.html.

〔3〕 2006 年 7 月 17 日，上海市劳动和社会保障局局长祝均一因涉嫌违规使用社保基金而被隔离审查，涉案金额达百亿人民币的上海社保基金案随之浮出水面。祝均一被隔离审查后，利用这笔违规资金迅速起家的福禧投资控股有限公司董事局主席张荣坤也被相关机构调查。而福禧公司曾是上海电气（集团）总公司改制的重要参与方，案情又进一步牵扯到了上海电气（集团）总公司副总裁韩国璋和董事长王成明，后两人均被"双规"。8 月，陈良宇前任秘书秦裕因涉案被宣布"接受调查"。9 月，中共中央政治局召开会议，决定由中纪委对陈良宇的问题立案检查，并免去其职务。同月，上海市委副秘书长孙路一被调查。10 月，国家统计局原局长邱晓华被查；同月，上海市国资委主任凌宝亨协助社保案调查。11 月，上海市长宁区区长陈超贤落马。2007 年 1 月，周正毅牵扯社保案，被二次拘捕。同月，国家统计局原局长邱晓华被"双开"。2008 年 4 月 11 日，陈良宇因犯受贿罪、滥用职权罪被判处有期徒刑 18 年，并没收个人财产 30 万元，上海社保基金涉案最高官员的判决尘埃落定。上海社保基金案被称为"中国腐败第一案"，案值大，涉案人数众多，上至中央政治局委员、上海市委书记陈良宇，中有正部级干部、国家统计局局长邱晓华，下有厅局级干部一批，并涉及上海公路富豪张荣坤、上海新黄浦董事长吴明烈和上海电气董事长王成明等商界人物，是典型的窝案。

众、学者和立法机构达成的一个共识就是应当尽快对社保基金筹集、运营、发放的全过程通过立法的形式来进行监管和规范，国内学术界开始对社保基金经办风险与运营风险监管的立法问题进行了讨论，在我国社保基金监管工作的基础比较薄弱、理论积累较少的情况下，这样的讨论具有重要的理论意义和现实意义。

我国《社会保险法》虽然已于 2011 年 7 月 1 日正式开始实施，但关于养老金投资的问题在该法第 69 条中只是一个授权性条款，"社会保险基金在保证安全的前提下，按照国务院有关规定通过投资运营实现保值增值"。由于国务院配套的投资运营法规尚未出台，和民生息息相关的基本养老保险基金资产大部分只是以活期存款的形式存在财政专户和银行。基本养老保险基金中包括社会统筹部分和个人账户两部分，特别是后者由于积累时间长达数十年，必须投资资本市场才能真正保值增值，因此本书主要研究可投资资本市场的个人账户基金、企业年金、全国社保基金。笔者认为，在全国人大《社会保险法》对社保基金进行监管立法的基础上，由国务院制定《社保基金监管条例》统一各监管部门的行为，才能真正保障中国社保基金的运行安全和运行效率。因此，本书关于社保基金监管立法的研究就集中在将来应当由全国人大通过的《社会保险法》和国务院制定的《社保基金监管条例》上。对这些庞大的养老金资产投资的限制是不是越严格就越好？中国可以从欧美发达国家的经验教训中得到哪些借鉴？养老金监管制度如何通过立法来实现？本书希望能够回答上述问题。

第二章

养老金监管的法经济学分析

从上一章国内外学者对养老金监管的研究可以看出：监管的公共利益理论支持政府加强对养老金的监管，而监管俘获理论更支持放松监管，但在政府对养老金监管的具体实践中，审慎人规则和实施严格数量限制规则是养老金监管的主要规则，这两种规则根植于不同的法律体系。本章主要从养老保险统筹层次的角度出发，分析两种不同养老金监管规则的成本－收益状况，为养老金征缴、运营和发放奠定理论基础，与此同时分析统筹层次对养老金的影响。

第一节　养老保险统筹的层次和覆盖面

养老保险涉及的一个基本问题就是保险金的"池子"到底有多大。在我国"社会统筹与个人账户相结合"的养老保险制度中，"社会统筹"被很多本领域的专家翻译为英文的 Social Pool，就非常形象地描述了养老保险统筹的层次和覆盖面。池子越大，抵御风险的能力越强，但对管理能力的要求也越高，这就需要对其进行经济分析。

一、养老保险中的"大数法则"

在数学上，在二项分布的几率模型假定之下，只要实验的次数足够大，则特定事件发生的次数就会越来越接近其理论上的概率值，即符合大数法则（The Majority Rule）。譬如我们说投掷一个"公正"的骰子时出现"1"的概率为1/6，其前提就是假定投掷该"公正"的骰子时，1、2、3、4、5、6出现的机会都一样，所以"公正"的骰子是理想的、数学化的大数法则产物，因为只有通过多次的投掷，才能确定某个骰子出现各数字的机会是否都一样。运用在保险理论上，大数法则认为：风险单位数量愈多，实际损失的结果会愈接近从无限单位数量得出的预期损失。据此，保险人就可以比较精确地预测风险，合理地厘定保险费率，使在保险期限内收取的保险费与损失赔偿及其他费用开支相平衡。

在寿险领域，假设65岁男性的预期死亡率为10%，某私人保险公司向1000人发售了价格为1万元的寿险产品，总保险费收入1000万元，如果实际死亡率的确是10%，则每人获得死亡赔偿10万元，不考虑资金升值、费用支出等因素，该公司可以做到盈亏平衡。而在现实世界中这1000人有可能死亡率是15%，则承保这1000人寿险的私人保险公司可能会因此而破产。而如果通过法律强制所有人参加整个社会的保险，上例中1000人参加的寿险扩大到1千万人参加，就能真正实现最大的"大数法则"。此时，发生既定风险（例如疾病、预期寿命）的概率与统计意义上的实际概率一致，社会风险得以充分分散。这只是一个简单的假设，在医疗保险领域一个现实的案例就是黑龙江省牡丹江市的基本医疗保险。该市在制定出台医保政策时充分考虑了地域性疾病谱特征、人群发病率、平均住院费用、物价指数、医疗卫生收费标准、参保人群年龄构成、人均期望寿命等相关因素，每年全市医保资金征缴收入为2亿元，支出为1.5亿左右，除去个人账户资金，收支平衡并有结余。这样就形成了政策越合理优惠、参保面越广、基金收缴越多、互济和保障功能越强的局面，从而使该市的基本医疗保险步入了良性循环。[1]

大数法则可以部分解决在信息不对称条件下信息优势方的行为人故意隐藏信息以求在交易中获取最大收益的"逆向选择"问题，即那些可能贫困化的人出于风险规避的理性会去购买医疗和养老的私人保险，大量的购买会使保险费率上升而对不太可能贫困化的人不具吸引力，这反过来又将促使保险费率上升，而且很有可能使最需要这种保险的人无力支付保费。[2]为解决这样的逆向选择问题，最佳的法律选择是强制性利用大数法则，即利用政府的公权，通过法律来强制进行社会保险，前述牡丹江市的基本医疗保险就是很好的案例，是市级的医疗保险统筹。

社会保险的统筹层次是指统一筹集、管理和使用社会保险基金并自我平衡的单位所处的层次，在我国通常依行政区划界定统筹范围，依行政层次界定统筹层次，如县级统筹、地（市）级统筹、省级统筹、全国统筹。除养老保险大约一半的省份做到了省级统筹外，其他保险项目基本是以市县级统筹为主，统筹层次明显停留在偏低水平。2008 年四川汶川特大地震灾害的发生，就凸显了社会保险统筹层次低、调剂金制度不完善带来的问题：由于地震灾害造成大量参保职工伤亡，导致工伤、医疗保险待遇支付骤增，灾后大量停产、半停产企业又无力缴费，社会保险面临增支与减收的双重压力，工伤、医疗

---

〔1〕 案例参见于林波、徐大勇："牡丹江市'大数法则'让医保基金良性循环"，载《黑龙江日报》2006 年 11 月 29 日。

〔2〕 G. A. Akerlof, "The Market for 'Lemons': Quality Uncertainty and the Market Mechanism", vol. 84 (3) *Quarterly Journal of Economics*, 1970, pp. 488~500.

保险的低层次统筹弊端，在地震中暴露无遗，即使达到了省级统筹，四川一省之力也无法承担数十万人的伤亡社会保险，好在有来自全国甚至全世界的大量捐助，才帮助灾民渡过难关，重建家园。

我国统筹层次过低源于最初制度设计时的路径选择。20世纪 90 年代初，围绕统筹层次的发展路径发生过激烈的争论，中央政府希望全国统筹，实现全国一体化；地方政府希望要有较大的自主权，越是市场化程度高的东部发达地区，越是要获得自主权。在地方利益强化背景下，对于掌管着社保基金的地方政府官员，让他们把这笔钱拿出来或向更高层次过渡，困难很大。[1]中央和地方双方博弈的结果是地方政府占了上风，因为当时中央财力不足以承担起全国统筹责任，也不愿意在未明确巨额历史欠账的基础上大包大揽，"新人"和"中人"个人账户养老中的基金被挪用补充"老人"需要发放的统筹养老基金就是一个典型的例子，全国形成的个人账户基金"空账"很早就超过数千亿元，[2]现在越来越多。县对地市、地市对省也基本如此，由此确定了走自下而上的统筹层次发展路径。

2012 年审计署的社保基金专项审计过程中发现各地各自为政的情况依然非常普遍。从缴费政策看，截至 2011 年底，21 个省本级、201 个市本级和 1252 个县未按社会保险法的规定以单位职工工资总额为单位缴费基数；全国实际执行的企业

---

〔1〕　原深圳市委书记、列席 2007 年 12 月《社会保险法》首次审议的广东省人大常委会主任黄丽满明确提出反对将养老保险统筹层次提高至省级乃至全国。她认为，按目前的财力，不要说全国统筹，连实现省级统筹也非常困难。参见程刚、崔丽："委员建议：社会保险法草案应征求公众意见"，载《中国青年报》2007 年 12 月 28 日。

〔2〕　孙祁祥："'空账'与转轨成本——中国养老金保险体制改革的效应分析"，载《经济研究》2001 年第 5 期。

职工基本养老保险单位缴费比例共有 16 种，最高为 22%、最低为 10%，有 8 个省份尚未实现省内缴费比例统一，有的省份缴费比例多达 12 种。另外，5 个省本级、4 个市本级和 8 个县自定政策降低社会保险费缴费比例或缴费基数，少征保费收入 517.34 亿元；3 个省本级、6 个市本级和 9 个县自定政策，对社会保险的参保年龄、户籍等参保条件作出限制；16 个非独立行政区划的开发区执行不同于当地其他地区的社会保险政策。国家规定，企业职工基本养老保险实行省级统筹，但截至 2011 年底，全国有 17 个省尚未完全达到省级统筹的"六统一"标准。[1] 由此可见，虽然国务院早就设定了 2012 年达到养老保险全国统筹的目标，但在现行的分税制下，通过自下而上逐步提高统筹层次会使各级政府的财政关系异常复杂，过渡到上一层次乃至最终层次的时间、方式、步骤等诸多因素的不明确，2012 年达到真正的全国统筹仍然是一个不可能完成的任务，提高统筹层次因不具备可操作性而体现出言易行难的特征，而笔者进行的各地调研的情况汇总也佐证了全国统筹的难度之大。

前几年农民工大规模集体退保事件是养老保险统筹层次太低、地方政府之间跨省流动限制的矛盾集中爆发。[2] 由于农民工就业的特点是流动性大、稳定性差，一般跨省流动时户籍不能转移，社会保险的统筹部分也就不能转移，即使全国各地都实现了养老保险的省级统筹，由于统筹部分是根据工龄确定待

---

〔1〕 参见国家审计署于 2012 年 8 月 2 日发布的公告：《全国社会保障资金审计结果》2012 年第 34 号（总第 141 号），载中央政府网站：http://www.gov.cn/zwgk/2012-08/02/content_ 2196871. htm.

〔2〕 关于这方面的报道很多，一个例子可参见张敏："农民工参保制度缺陷亟待修补"，载《工人日报》2008 年 12 月 10 日。

遇的，农民工经常换工作、流动性大，很难连续计算工龄，加上统筹地区不统一，跨省流动的农民工退休后依然很难享受到统筹部分。因此，农民工对参保就采取无所谓的态度，流动时理性的选择就是退保，但退保时只能退8%的个人缴费部分，20%的单位缴费就损失掉了。退保使得农民工个人损失很大，但农民工流入的发达省份却大量沉淀下统筹基金，加剧了发达和不发达地区之间的马太效应：相对贫穷的内地农民工输出地区在补偿着发达的沿海农民工输入地区，这样的怪圈必须通过全国统筹才能打破。从2010年起，人力资源和社会保障部、财政部颁布的《城镇企业职工基本养老保险关系转移接续暂行办法》开始正式实施，个人账户储存额全部计算转移，统筹基金部分按12%的总和转移，朝着全民普惠、全国统筹迈出了关键的一步。

　　由此可见，把养老保险统筹层次提高到全国，是健全社会保险制度的必然要求。西方发达国家的经验也给了我们启示：欧盟数十个国家早就实现了国内层面的统筹，目前正在追求社会保障体系的全欧盟的统一，而联邦制的美国摈弃分散的传统，自1939年开始征收社会保障税起就建立了全国统一的社会保障体系，《社会保障法》是统一的联邦法律，不像各州的法律那样五花八门。在我国，社会保障制度建立以来的养老保险统筹多为市县级，全国有两千多个统筹单位，这种较低层次的统筹影响了统筹效果的发挥和劳动力的跨地区流动，保险的共济功能和大数法则无法充分发挥。《社会保险法》第64条规定：基本养老保险基金逐步实行全国统筹，其他社会保险基金逐步实行省级统筹，具体时间、步骤由国务院规定。作为法律实施的重要保证，国务院已经明确提出2009年底在全国范围内全面实现基本养老保险基金省级统筹、2012年实行全国统筹的目标，[1]我们希望法律的目标和政府的工作能够完美统一，真正造福亿万百姓。届时，中国的基本养老保险基金将成为全世界最多人数的统筹基金，是大数法则的世界级运用。

二、扩大覆盖面：公务员何时纳入？

《社会保险法》主要规范企业职工的养老问题，即使真正达到了全国统筹，仍然有大部分的劳动者——政府公务员、参照公务员法管理人员、事业单位职工并未纳入全国统筹的范围。我国的绝大多数法律都没有规定其规范的对象，无论从法理上还是在具体的法条中都贯彻"法律面前人人平等"的理念，但《社会保险法》作为我国社会法领域的基本法律，并未贯彻这一基本的立法理念，把此前"碎片化"的养老制度进一步固化了。如《社会保险法》第10条规定：公务员和参照公务员法管理的工作人员养老保险的办法由国务院规定。由于这一国务院规定迟迟未能出台，养老保险领域公务员和普通企业职工完全不同的养老保险待遇被大多数人所诟病。

改革公务员和参公管理人员作为劳动者的一部分，改革其养老保险制度的核心是和企业职工一样缴纳养老保险费，从而把养老保险统筹真正落实到每一个劳动者。我国目前企业养老保险制度的核心是实行缴费义务与养老权利相对应，但公务员和参公人员群体一直在尽义务的范畴之外，退休后却领取着比一般人高得多的养老金，这部分养老金的来源是财政拨款，也就是需要每一个公民来分摊其养老金。如果公务员和参公人员养老保险制度越晚改革，阻力就会越大，造成各阶层之间的矛

---

[1] 参见王飞、刘铮："基本养老保险基金将逐步实行全国统筹"，载中国政府网：http://www.gov.cn/jrzg/2008-12/22/content_1184820.htm.

盾就越大。2012 年"两会"期间，全国人大常委会法律委员会副主任委员刘锡荣指出：中国公务员已达 1000 万人，平均每年增加 100 万人。[1]另有统计表明，我国有 126 万个事业单位，共计 3000 多万正式职工中，教育、卫生和农技服务从业人员三项相加，占总人数的 3/4，其中教育系统人员即达到一半左右，另有 900 万离退休人员，事业单位职工总数超过4000 万人。[2]按目前的政策，1000 万公务员、参公管理的事业单位在职职工 3000 万，一共约 4000 万在职人员不用交纳养老保险金，而退休后拿到的养老金却由财政划拨（纳税人出钱），而且是交过养老保险金的企业退休职工的数倍。自 2005年起，虽然国家连续 6 年 7 次提高企业退休人员基本养老金，但是企业职工养老金"7 连涨"仍然跑不赢公务员和参公人员，且差距越来越大。"养老金双轨制"问题越来越突出。

很多国家也都经历了公务员逐步进入社会保障制度的情况，如美国 1935 年通过了《社会保障法案》，1940 年时就有58% 的劳动者进入了社会保障体系，但一直到 1983 年的法律修正案之后，公务员才完全纳入该体系，1989 年时该体系的覆盖面就达到了全体劳动者的94%。[3]我国 2011 年末全国就业人员 76 420 万人，其中参加城镇基本养老保险人数为28 391 万人，参加国家新型农村社会养老保险试点地区参保

---

〔1〕 参见"中纪委原副书记：老百姓再勤劳也养不起这么多官"，载新华网：http://news. xinhuanet. com/legal/2012-03/11/c_122818916. htm.

〔2〕 参见杨琳："中国事业单位改革全面开闸 真正的考验到来了！"，载新华网：http://news. xinhuanet. com/legal/2011-04/09/c_121284815. htm.

〔3〕 杨冠琼主编：《当代美国社会保障制度》，法律出版社 2001 年版，第12～13 页。

人数 32 643 万人，[1] 初步匡算的养老保险总覆盖率达到了近 80%。假设取消目前不公平的养老双轨制，将之变成一种全民平等参与的养老制度，公务员和参公人员也按个人 8%、单位 20% 的比例缴费，按保守估计每人每年平均工资 2.5 万元人民币计算，4000 万公务员和参公人员每年每人将增加养老金缴费额 7000 元，总缴费额增加 2800 多亿元。根据社科院世界社保研究中心主任郑秉文的测算结果，退休年龄每延迟一年，养老统筹基金可增长 40 亿元，减支 160 亿元，减缓基金缺口 200 亿元。[2] 由此可见，如果废除养老保险的"双轨制"，实现养老并轨所节省的财政资金相当于退休年龄延迟 14 年。

我国养老保险制度的"碎片化"有历史原因：最初的社会保障制度只是作为国企改革的配套措施推出的，制度覆盖面主要是国企职工也就在情理之中；此后扩大到所有企业职工，特别是民营企业职工和农民工的加入，使得扩面工作进展迅速。新型农村养老保险制度的推出，特别是中央财政对"新农保"的补贴，使得《宪法》第 45 条"中华人民共和国公民在年老、疾病或丧失劳动能力的情况下，有从国家和社会获得物质帮助的权利"开始得到真正的落实，公民的基本人权得以保障。养老保险这样逐步推进的过程出现碎片化在所难免，然而，推进均一化的、普适的最基本养老保险作为整个社会正常运行的中坚力量的公务员和参公人员，4000 万人的群体未参与到社会保障体系中去，无论从公共政策的角度，还是从基

---

〔1〕 数据参见 2012 年 6 月 4 日国家统计局、人力资源和社会保障部联合公布的《2011 年度人力资源和社会保障事业发展统计公报》。

〔2〕 参见刘宏："实现'65 岁退休'需几步走"，载人民网理论版：http://theory.people.com.cn/GB/49154/49156/8340088.html。

本的公平正义的角度，都是说不过去的。

公务员在任何一个国家都应当享受优厚的退休待遇，这也是为了保证社会的正常运行必须付出的代价。以华人社会为主的新加坡和我国香港地区，"高薪养廉"机制和优渥的退休金使得他们的公务员体系成为全球的样板。我国公务员和参公人员改革的重点应当放在弥补改革后待遇降低的部分，可以考虑建立类似于美国加州公务员基金那样的"公务员年金"或"职业年金"，以确保现有退休待遇水平不降低。

目前我国正在进行事业单位改革，国务院应当尽快制定出公务员和参照公务员法管理的工作人员养老保险办法，既保护公务员工作的积极性，也给普通企业劳动者一个交代。当然，一般人都理解立法者的苦衷，我们希望中国的公务员社会保障制度改革不要经历如此漫长的时间，应当尽快制定公务员参保的"路线图"，以实现社保制度领域"法律面前人人平等"的理念。如何既保证公务员切身利益，使其在改革后养老待遇不降低，又能够兼顾社会公平，加快公务员和参公人员养老保险配套立法的步伐是唯一的选择。

第二节　成本－收益分析方法的引入及其简化模型[1]

格莱瑟和施莱佛（Glaeser and Shleifer，2003）发现，由于法院的事后裁决是一种被动式执法，同时拥有强大经济资源

---

[1]　本节部分内容取材于胡继晔："养老金监管的法经济学分析"，载《政法论坛》2012 年第 4 期。

者足以破坏司法公正，私人诉讼可能会失效。[1]而政府监管更强调事前的介入，它不仅正是对普通法遭到破坏和事后被动执法诉讼低效的回应，也是对市场失灵的一种解决方案，因而"监管型国家的兴起"成为监管理论发展的一个突出现象。事先的监管很重要，但监管机构拥有半立法、半行政和半司法权力的"三位一体"的监管模式，容易导致监管机构膨胀和监管过度。桑斯坦（Sunstein，1996）认为，成本－收益分析（Cost-Benefit Analysis）作为监管机构制定规章的基本原则、程序和方法，可以衡量监管绩效，抑制监管过度。[2]养老金监管作为监管型政府的一项重要职责，对其进行成本－收益分析因而成为一个重要课题。

一、成本－收益分析模型的构建

这里可以通过构建一个简单的成本－收益分析模型来对养老金监管进行经济分析。成本－收益分析的基础是政府监管能够实现的收益。例如对养老金投资强制性信息披露监管要求的主要收益包括：可以使养老金管理公司发布定期报告，减少欺诈行为的发生，从而更有效地配置资源。获得上述收益的同时，政府对养老金的监管本身是存在成本的，包括直接成本和间接成本，而且政府监管也并非总是百分之百有效，由政府监管带来的福利损失和成本可能大于市场失灵的成本。监管的直接成本包括选任政府或政府代理人去实施监管的成本，以及相应的监督和遵守监管的成本。间接成本包括监管的计划外成

---

〔1〕 Edward Glaeser, Andrei Shleifer, "The Rise of the Regulatory State", vol. 41 (2) *Journal of Economic Literature*, 2003.

〔2〕 Cass R. Sunstein, "Congress, Constitutional Moments, and the Cost-benefit State", vol. 48 (2) *Stanford Law Review*, 1996, pp. 247 ~ 309.

本，例如引发的潜在道德风险、由于企业减少交易导致的经济福利损失以及监管阻碍创新所带来的不确定性损失。[1]政府在遏制市场失灵的时候，自身也可能存在失灵，养老金监管的成本作为一个重要的参数，和监管的收益一样重要。

在微观经济学的生产理论中，一般假设厂商在利润最大化的投入－产出决策时，都遵从边际收益递减和边际成本递增规律。经济学中的成本－收益分析方法作为一种实证主义的规范分析方法，在应用于养老金监管时，可以帮助立法者和执法者权衡成本和收益，使政府可以使用它来预测金融监管决定的结果，从而实现养老金监管的最优化。如果把政府监管作为投入养老金监管的成本，良好的养老金公司治理和对受益人的回报作为收益的话，成本－收益应当遵从边际成本递增和边际收益递减的规律。

假设政府对于养老金的基金经理进行监管。基金经理存在违规操作以谋取私利的可能，不过一旦其违规行为被政府发现，则会遭受制裁。因此我们设其行为的目标函数为：

$$\max_{\phi}\ \ \phi\cdot B-\eta\cdot\phi^{\alpha}\cdot S,\ \ \alpha>1 \qquad (2.1)$$

其中 ϕ 为基金管理者的违规强度，它可以是违规频率或者违规行为的规模；B 为基金管理者通过一次违规操作获得的私人收益；η 为政府的监管强度，其取值越大，基金单次或特定规模违规行为被查获的概率也就越大；大于 1 的指数 α 表明边际违规行为被查获的概率是随着其频率上升的，即违规行为越频繁或规模越大，单次违规被查获的概率就越大，对这种设定的现实背景是违规行为之间的关联，使得监管者可以"顺藤摸

〔1〕　David Gowland, *The Regulation of Financial Markets in the 1990s*, Edward Elgar Pub. , 1990.

瓜"地通过某次违规行为查获其他违规；S 是一旦基金管理者违规行为被发现而遭受的惩罚。因此，基金管理者的决策是选择某个违规强度，在违规收益与潜在制裁的损失之间取得平衡，其一阶条件为：

$$B - \alpha \cdot \eta \cdot \phi^{\alpha-1} \cdot S = 0 \qquad (2.2)$$

从而：

$$\phi = \left(\frac{B}{\alpha \cdot \eta \cdot S} \right)^{\frac{1}{\alpha-1}} \qquad (2.3)$$

对于政府而言，其监管行为具有通常的边际成本递增特征，即提高监管强度的边际成本会不断上升，因此给定基金管理者的行为模式，政府需要在违规可能导致的社会福利损失和监管成本之间取得平衡，其目标是：

$$\min_{\eta} \quad \phi \cdot D + \mu \cdot \eta^{\beta}, \quad \beta > 1 \qquad (2.4)$$

其中 D 是基金管理者单次或特定规模违规行为造成的社会福利损失，μ 是监管成本系数，大于 1 的指数 β 说明了提高监管强度的递增成本。代入式（2.3），上述目标函数可以改写为：

$$\min_{\eta} \left(\frac{B}{\alpha \cdot \eta \cdot S} \right)^{\frac{1}{\alpha-1}} \cdot D + \mu \cdot \eta^{\beta}$$

其一阶条件为：

$$\frac{1}{1-\alpha} \cdot \left(\frac{B}{\alpha \cdot S} \right)^{\frac{1}{\alpha-1}} \cdot \eta^{\frac{\alpha}{1-\alpha}} \cdot D + \beta \cdot \mu \cdot \eta^{\beta-1} = 0$$

从而：

$$\eta = \left[\frac{D}{(\alpha-1) \cdot \beta \cdot \mu} \right]^{\frac{\alpha-1}{1+\alpha\beta-\beta}} \cdot \left(\frac{B}{\alpha \cdot S} \right)^{1+\alpha\beta-\beta} \qquad (2.5)$$

从（2.5）式可以看到，政府选择的监管强度 η 与基金违规的私人收益 B 和社会福利损失 D 正相关，与监管成本系数 μ 和监管成本指数 β 负相关，这些特征都是非常符合直觉的，同时值得注意的是，监管强度 η 与对违规行为的惩罚烈度 S 和违规成本指数 α 负相关，这说明这些对违规行为的抑制因素之间存在着一定的替代性。

将（2.5）代入（2.3）得到：

$$\phi = \left[\frac{D}{(\alpha - 1) \cdot \beta \cdot \mu}\right]^{\frac{-1}{1+\alpha\beta-\beta}} \cdot \left(\frac{B}{\alpha \cdot S}\right)^{-\beta}$$

可以看到，基金管理者违规强度与各相关因素之间的关系与政府监管强度恰好相反，这也说明了两者利益关系的矛盾性质。上述（η，ϕ）也就是政府和基金管理者之间监管博弈的均衡解。

根据上述推导过程，我们可以得到提高监管强度的收益为：

$$Y_1 = \begin{cases} 0, C \leqslant \left(\frac{B}{\alpha \cdot S}\right)^{\frac{1}{\alpha-1}} \cdot D \cdot \eta^{\frac{1}{1-\alpha}} \\ C - \left(\frac{B}{\alpha \cdot S}\right)^{\frac{1}{\alpha-1}} \cdot D \cdot \eta^{\frac{1}{1-\alpha}}, C > \left(\frac{B}{\alpha \cdot S}\right)^{\frac{1}{\alpha-1}} \cdot D \cdot \eta^{\frac{1}{1-\alpha}} \end{cases}$$

其中 C 为常数。引入这一常数的原因在于，当监管强度 $\eta = 0$ 时，违规强度 $\phi \to +\infty$，但这在现实中是不可能发生的，原因之一在于基金规模的有限性，原因之二在于政府不可能完全放弃监管，因此 $\eta = 0$ 实际上不会在定义域之内。

与此同时，提高监管强度的成本为：

$$Y_2 = \mu \cdot \eta^{\beta}$$

将上述收益与成本函数以图像形式表示，即为下图：

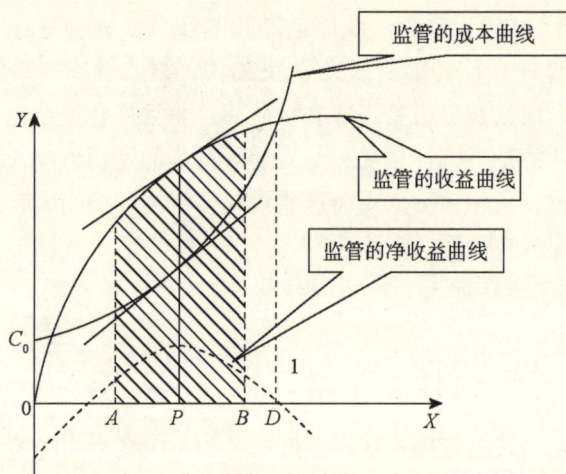

图2.1　监管的成本－收益分析

二、对成本－收益分析模型的解读

在图2.1中，假设 X 轴代表监管强度的变化，是自变量；Y 轴代表由于监管强度的变化而带来监管收益和成本的变化，是因变量。关于监管的有效性边界，可以参照施莱佛等（Shleifer et al, 2003）的观点：任何社会都存在着控制无序或者专制独裁两个极端的危险，控制无序导致盗匪横行、产权无保障等混乱状况，可以对应本模型的完全无监管的原点 0；专制独裁导致资产被独裁者无偿征收、过重税负等，可以对应本模型中监管强度达到极大值 D =1 时的状况。大部分社会都处于这两个极端之间，存在着从完全自由的自发秩序—私人诉讼—政府监管（公共执法），最后到国家所有制（统制经济）的一系列选择，构成了"制度可能性曲线"，见下图2.2 的上半部分。[1]

---

〔1〕　A. Shleifer, S. Djankov, E. Glaeser, R. La Porta, and F. Lopez-de-Silanes, "The New Comparative Economics", vol. 31 *Journal of Comparative Economics*, 2003, pp. 595 ~ 619.

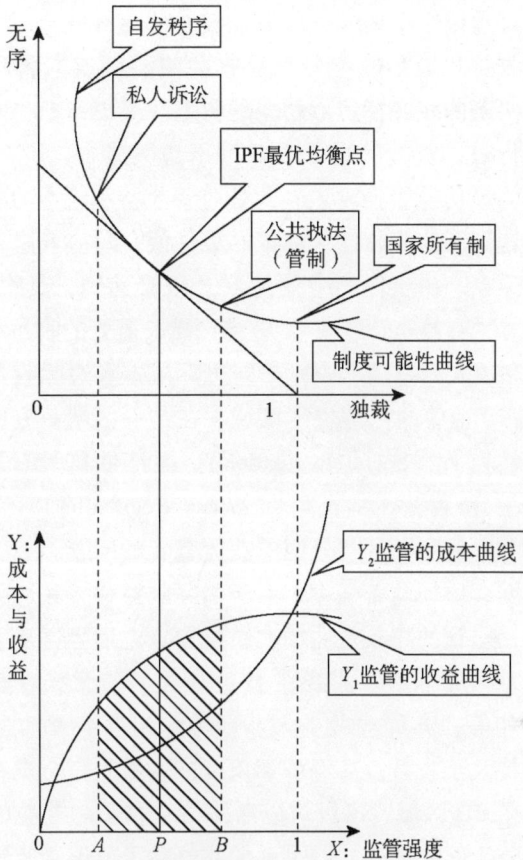

图 2.2　监管的成本－收益分析与
制度可能性边界的对照

　　监管的收益曲线在最初阶段上升很快，即从无监管的状态
到有监管的状态时，监管的收益增加很快。在养老金发展的初
始阶段，如同美国早年梧桐树下的华尔街没有监管一样，市场
规律发挥着主要作用，政府只是承担着"守夜人"的角色，
并未设立监管养老金的专门机构。因此，在图 2.1 的 OA 区

域，是监管理论中市场失灵理论能够发挥的区域。

边际收益和边际成本分别是收益曲线和成本曲线的变化率，亦即两条曲线在特定点切线的斜率。当图 2.1 中两条曲线的切线平行时，监管的边际收益等于边际成本，所在 X 轴上的 P 点即为最优监管强度点，此处监管收益和成本的净差额最大，亦即达到了监管收益 - 成本的最优值，对应着监管的净收益曲线的顶点。由于现实中最优点 P 很难达到，其附近的 AB 区域可作为"有效监管区域"。在该区域，监管的收益和成本差处在最大和较大的范围之内，亦即边际成本和边际收益相等或者接近，属于监管的"理想"区域，在这一区域一方面避免了诸如社会性监管（Social Regulation）、经济性监管（Economic Regulation）和程序性监管（Process Regulation）不足的问题，[1] 同时也避免了利益集团俘获监管者的问题。

如果继续增加监管强度，由于边际收益递减和边际成本递增的影响，监管的净收益曲线在越过顶点之后会逐步下降。当监管的收益和成本两条曲线在 D 处相交时，意味着监管的成本和收益相等，亦即净收益减少为 0，如果继续加强监管的话，成本将大于收益，从经济学角度来看就是完全没有必要的了。因此在 BD 区域，可以对应斯蒂格勒和佩尔兹曼的利益集团理论、监管俘获理论，即过度的监管除了能够给监管者带来额外的收益，能够"俘获"监管者之外，社会的净收益越来越小，此时放松监管是更有效的政策选择，可以减少监管的成本以及监管俘获的可能性，同时即使放松了监管，其收益下降也很少，且该区域收益曲线越来越接近水平线，净收益接近于 0。比如一个养老金管理公司在投资过程中有好几个监管机构

---

〔1〕 Thomas D. Hopkins, "Costs of Federal Regulation", vol. 2 (1) *Journal of Regulation and Social Costs*, 1992.

的人士驻守在该公司监督其投资行为，就是完全没有必要的过度监管。

在图 2.1 中 D 点右侧的部分成本曲线已经高于收益曲线，而且边际成本的增加更快，在此区域任何增加监管强度的措施都只能带来副作用，因此，D 点是有效监管强度的极大点，超出该点的监管的净收益小于 0，该区域在经济学看来是非理性的，更应当放松监管。在养老金监管领域，罗曼诺（1993）文中的政府强制性的社会投资政策，以及克拉克所说的"养老金腐败"可以对应此区域，是养老金监管中应当避免的。

由此可见，虽然存在着学界对成本－收益分析的质疑，包括个人愿意支付（Willingness to pay）的标准不易确定、成本或者收益难以量化等（Richardson，2000）。[1] 正如席涛（2011）所总结的那样：随着监管理论的进一步发展，研究法律、行政命令和规章对经济、社会和环境的影响，成本－收益分析、成本有效性分析和风险分析，已经作为行政机构制定规章的原则、程序和方法，监管的收益能够证明为其支付成本的正当性，或者社会净福利最大化，成为判断是否监管的标准和衡量监管绩效的方法。[2]

从上述成本－收益的分析简单模型中可以看出，养老金监管作为一项重要的政府监管制度，要想达到监管净收益的最大化，监管强度并不是越高越好，而是存在着一个"有效监管区域"，越过了这个区域之后的"加强监管"只能适得其反。

---

〔1〕 Henry S. Richardson, "The Stupidity of the Cost－Benefit Standard", vol. 29
(2) *Journal of Legal Studies*, 2000, pp. 971～1003.
　　〔2〕 席涛："法律、监管与市场"，载《政法论坛》2011 年第 3 期。

第三节　养老金监管的成本－收益实证分析

上述模型只是揭示理论上的状况，而现实的成本－收益分析在欧美养老金监管领域已经进入了实践层面。

一、OECD 国家的养老金监管成本－收益情况

基于成本－收益分析方法，可以对养老金监管的两种主要规则——审慎人规则和严格数量限制规则进行实证分析，首先是对两种监管规则监管成本的分析。根据巴西政府推荐的 OECD 顾问平赫尔罗（Pinheiro）的研究成果——《OECD 国家私营养老金的监管架构》一文中的数据，可以通过简单的平均计算得出不同监管原则的各四个国家中人均监管的计划参与者、人均监管的养老金资产情况如下：[1]

表2.1　审慎人规则和严格数量限制国家平均养老金监管成本的比较

监管规则	审慎人				严格数量限制			
国家	澳大利亚	新西兰	日本	英国	丹麦	德国	挪威	葡萄牙
人均监管计划参与者(万人)	52.77	23.37	47.05	15.38	4.80	11.72	0.33	0.53
人均监管资产（亿欧元）	59.89	17.00	230.87	40.38	21.47	24.38	1.45	0.07

从上表可以看出：单就案例中的八个国家而言，采用审慎

---

[1]　数据来源可参见孙建勇主编：《养老金规范与监管》，郑秉文等译，中国发展出版社2007年版，第26~27页。数据经过了人均计算。

人规则的四个国家监管者人均监管的计划参与者数量是四个严格数量限制国家的接近 8 倍，人均监管资产则为 7.3 倍，亦即采用审慎人规则的国家平均监管成本要远远低于严格数量限制规则的国家。其背后的原因很简单：严格数量限制监管模式由于要对养老基金投资的资产类别、投资比例等进行直接的数量限制，这些限制规则的执行需要更多的监管人员、更多的现场监管，相对于审慎人规则以非现场监督为主要监管方式而言，严格数量限制规则要花费更高的监管成本。

监管的收益是另外一个重要因素。由于不同国家之间的宏观经济政策、经济景气周期不完全一致，各国资本市场的表现呈一定程度的非相关性，因此投资者可以通过跨境投资分散其投资某特定国家的系统性风险。从两种监管规则的收益来看，严格数量限制规则由于限制了外国投资而无法充分分散国别风险；限制投资股票的比例也会使得基金管理人无法充分分散市场风险；限制金融衍生品和对冲基金的投资只能实现次优的收益 - 风险结构。而审慎人规则由于没有这些限制，理论上可以实现更高的投资收益率。戴维斯（Davis，2001，2002）对部分 OECD 国家 1980 ~ 1995 年间金融的投资收益 - 风险计算发现：实行审慎人监管规则的国家养老金投资年均收益率为 7.8%，收益率标准差为 9.5%；而实行严格数量限制监管规则的国家养老金投资年均收益率为 5.8%，收益率标准差为 11.4%。[1] 由于收益率的标准差是重要的风险衡量指标，标准

---

[1] E. Philip Davis, "Portfolio Regulation of Life Insurance Companies and Pension Funds", *Discussion Paper PI - 0101*, The Pensions Institute, Cass Business School, London, 2001；E. Philip Davis, "Prudent Person Rules or Quantitative Restrictions 'The Regulation of Long - term Institutional Investors' Portfolios", *Journal of Pension Economics and Finance*, 2002, pp. 157 ~ 191.

差越大意味着波动越大，亦即风险越高。从戴维斯的上述实证数据可以很明显地看出：相对于实行严格数量限制监管规则的国家而言，实行审慎人监管规则国家的养老金投资收益率更高，并且风险更低。

上述两种规则的监管成本、收益的这些实证数据表明：在养老金投资监管模式的比较中，实行审慎人规则的国家相对于实行严格数量限制规则的国家而言，被监管的养老基金收益率更高，而对养老金监管的成本更低。正是基于养老金监管的实践，过去主要使用严格数量限制的一些大陆法系国家也逐渐开始采纳英美普通法系的审慎人规则，比如日本在1998年通过《金融体系改革法》之后就采纳了养老金监管的审慎人规则。从OECD于2011年6月在其成立50周年时对其成员国以及观察员国（巴西、哥伦比亚、印度、俄罗斯、南非）养老基金投资监管法规的最新统计情况来看，奥地利、比利时、匈牙利、智利等传统的采用严格数量限制规则的国家均已经部分甚至全部解除了限制。[1]由此可见，审慎人规则越来越成为养老金监管的主流，这种养老金监管规则领域的深刻变化对世界上其他正在选择养老金监管规则的发展中国家具有重要的参考价值。

由于近几年次贷危机、欧债危机的影响，为规避风险，OECD各国投资股票的比例实际上有所下降，2011年所有国家中养老金投资股票比例最高的澳大利亚为49.7%，养老金融最发达、最具代表性的美国养老金投资股票比例仅次于澳大利亚，为48.1%。OECD各国私营养老基金资产加权平均占国内生产总值（GDP）的比例在2011年达到72.4%，其中荷兰、

---

〔1〕 OECD, "2010 Survey of Investment Regulation of Pension Funds", Paris, 2011.

冰岛所占比例居前两位，分别高达 138.2% 和 128.7%；法国、希腊叨陪末座，分别仅为 0.2% 和 0。[1]一个发人深省的"巧合"是：此次欧债危机"重灾区"的希腊在 OECD 各国中是唯一的一个无私营养老金的国家，而政府公共养老金的替代率却是所有国家中最为慷慨的110%，即养老金待遇比退休前工资水平还高。考虑到老年公民往往是选票集中地，世界各国退休待遇普遍有所谓的"棘轮效应"，即退休待遇只能增加不能减少，希腊所有增加的养老金支出只能由公共财政负担，养老金支出成为希腊债务危机的最重要来源之一。另外几个欧债危机重灾区西班牙、葡萄牙、意大利等国私营养老基金资产占GDP 的比例仅为 7.8%、7.7%、4.9%，[2]也仅仅是比希腊略强而已。

欧盟各国退休待遇整体水平相差不大，而以希腊为代表的欧债危机国家由于私营养老金的不发达，不足的部分只能主要依靠财政补贴，随着欧洲老龄化的不断加剧，各国养老待遇债务将成为沉重的财政负担。由此可见，私营养老金和养老金融市场的相对不发达与政府的债务危机之间存在着密切关系。那些近几年发生较大规模骚乱的西方发达国家，如法国、西班牙、希腊等均是对养老金投资采用严格数量限制规则的国家，几乎每场骚乱背后都有民众对该国养老保险体系发泄不满的成分。健全的养老金体系的国家多为采用审慎人规则的国家，足额的私营养老金作为政府公共养老金的有力补充，已经成为社会稳定的"定海神针"和"压舱石"。

---

〔1〕 OECD, Pension Markets in Focus, Issue 9, September 2012.
〔2〕 OECD, Pension Markets in Focus, Issue 9, September 2012.

二、应用成本-收益方法进行养老金监管的立法实践

虽然学界在养老金监管研究中使用成本-收益分析方法者并不多，但其基本思想在 OECD 国家的立法、司法实践中，已经被大量采纳。

养老金监管立法实践很好的案例就是英国的《2004 年养老金法案》。该法案允许养老金监管局采取积极主动的事前监管方式，在该法第 38 条第（2）、（3）款分别规定了对雇主和雇员在无意或故意欠缴养老金的情况下，监管局可以发出通知，通过事前介入式的主动监管，对监管者和被监管者都是一种成本相对更低的监管方式，大幅度减少了事后监管的惩罚以及高成本诉讼，从而减少了社会成本。在对事前监管的绩效评估中，英国养老金监管局（The Pensions Regulator，2007）的调查发现，培训的范围和程度与优秀的管理行为之间有明显的相关性，为加强对托管人的教育和培训，监管局出版了实践标准和指导手册、课程提纲和免费的网上教程等。同时，为了防范风险，监管当局积极主动地收集相关信息，在此基础上可以采取积极的行动来终止和解散养老金计划，并给予相关违规人员最高 5 万英镑的罚款。[1]

基于成本-收益分析方法的监管政策在 OECD 各国的实际监管实践中都得以体现。OECD 在 2010 年《监管政策和可持续增长之路（报告草案）》中，将监管政策提高到了和财政政策、货币政策同等重要的高度，三者共同构成了国家经济与社会发展的重要支柱。该报告认为，现代经济和社会需要有效的

---

〔1〕 The Pensions Regulator, "Occupational Pension Scheme Governance: A Report on the 2007 Scheme Governance Survey", 2007, http://www.thepensionsregulator. gov. uk/pdf/finalGovernanceSurveyJuly2007. pdf.

监管，以支持经济增长、投资、创新、市场开放和法治。监管
政策通过简化法律程序、改进上诉制度推进法治的进程。该报
告分析了 30 年来 OECD 国家放松管制、监管改革的演变过程，
倡导市场化的监管理念，尤其强调监管影响分析的工具，包括
成本－收益分析、成本有效性分析、风险分析和不确定分析，
通过量化监管的成本和收益，衡量和选择有效成本投入。[1]

　　OECD 在大量监管影响评估、监管指引的基础上，还单独
为养老金颁布了诸多指导性文件，为相关国家的养老金监管提
供了重要的参考和指导。例如，经过 OECD 私营养老金部门的
大量调研工作，2005 年颁布的《OECD 职业养老金计划参与
者与受益人权利保护指引》提出了非常重要的对养老金受益
人加强法律保护的原则，要求政府监管者、保险监督官、雇
主、工会组织等相关机构必须关注和介入养老金的管理事务，
保护养老金受益人的权利；受托人、托管人、基金管理人、相
关金融机构等养老金服务机构必须尊重养老金受益人的权利。
更重要的是，必须向养老金受益人个人提供足够的信息，以促
使他们了解其权利所在，以及潜在影响他们养老金福利的各种
因素，他们可以通过其财务顾问充分了解他们不同的养老金福
利的性质，未来获得给付时的收益状况，以及他们必须为之付
出的成本。[2]

　　2006 年 1 月，OECD 理事会颁布的《OECD 养老基金资产
管理指引》对养老金资产的重要性给予了高度重视。2008 年

---

　　〔1〕　OECD, "Regulatory Policy and the Road to Sustainable Growth（Draft Report）", Paris, 2010, available at：http://www. oecd. org/dataoecd/5/41/46270065. pdf.

　　〔2〕　OECD, "OECD Guidelines for the Protection of Rights of Members and Beneficiaries in Occupational Pension Funds Plans", Paris, 2005, available at：http://www. oecd. org/dataoecd/16/33/34018295. pdf.

的全球金融危机的确给各国的私营养老金资产带来了负面冲击，但OECD各国职业年金、个人账户养老金等私营养老金资产自2009年开始温和回升，不仅仅将2008年金融危机所造成的损失全部弥补，2011年私营养老金资产的总额还达到创纪录的29.5万亿美元，其中养老基金管理公司持有68.4%，达20.1万亿美元；银行和投资公司持有5.4万亿美元，养老保险合同和寿险公司持有3.7万亿美元，其余0.5万亿美元，[1]养老金已经成为金融市场中的一个越来越引起重视的重量级选手。养老金资产的投资目标是力争更高的回报率，同时考虑养老金计划的负债和流动性需求，评估养老金受益人的风险承受能力。养老基金资产管理的基本框架是对养老保险基金投资的监管指引，其中包括：各国养老金立法的主体，相关法律（如信托法、税法）的修改，养老金监管当局的行为守则，养老金集体协议或计划文件的拟定。[2]

2008年，OECD和国际养老金监督官组织联合颁布了《养老金实体颁发执照的指引》，借鉴金融业的准入制度，同时又避免为养老金经营者设置不必要的障碍，该指引要求养老金管理者建立良好的公司治理、风险控制、报告与审计机制。[3]2009年OECD颁布《养老基金治理指引》，按照欧盟议会和欧盟理事会2003年的《职业退休保障机构的活动和监督指引》（2003/41/EC）的精神，养老金实体成立后从法律上即拥有独立法人地位，其内部治理结构、主要目标应该明确载于

---

〔1〕 OECD, *OECD Pensions Outlook 2012*, OECD Publishing, 2012.

〔2〕 OECD, "Guidelines on Pension Fund Asset Management: Recommendation of the Council", Paris, 2006, available at http://www. oecd. org/dataoecd/59/53/36316 399. pdf.

〔3〕 OECD, "OECD – IOPS Guidelines on the Licensing of Pension Entities", Paris, 2008, available at http://www. oecd. org/dataoecd/7/34/40434531. pdf.

其章程、合同或信托文书等相关文件。由金融机构管理的养老基金，应通过与计划发起人、成员和受益人之间的合同，明确规定其管理方面的责任。由于良好的养老金治理应遵循"基于风险的管理"理念，管理契约和公司治理应反映潜在风险的性质和程度。[1]

2010年OECD《职业养老基金监管原则——评估的方法及实施》，对以前颁布的诸多养老金监管指引进行修订，明确了养老金监管的核心原则。这些核心原则提供了对私人管理的职业养老金制度的指导性基本框架，提供一个结构化的方法来评估养老金系统。其第一条核心原则就是"有效管制和监督的条件"，这一原则倡导养老金监管者应当充分考虑现行法律和监管措施实施的成本和收益，针对养老金计划供款人和计划参与者所受监管的影响进行评估和分析，确保对养老金的监管和相关法律要求是足够有效率的，对于养老金计划的供款人和受益人影响的评估均应当是正面的。第五条核心原则是"促进适当的信息披露和投资者教育"，同样提出了针对不同的养老金计划的特点，提供其成本和收益分析，以利于养老金计划投资者的个人选择。养老金受益人应得到足够的信息以确保其权利能够得到保障。养老金计划管理人应当如实披露其收费结构，计划投资方式的潜在收益、风险和覆盖率的状况。[2]

如上文所述，从OECD于2011年6月在其成立50周年时对其成员国以及观察员国（巴西、哥伦比亚、印度、俄罗斯、南非）养老基金投资监管法规的最新统计情况来看，奥地利、

---

〔1〕　OECD, "OECD guidelines for pension fund governance", Paris, 2009, available at http://www.oecd.org/dataoecd/18/52/34799965.pdf.

〔2〕　OECD, "OECD Principles of Occupational Pension Regulation, Methodology for Assessment and Implementation", OECD Publishing, 2010.

比利时、匈牙利、智利等传统的采用严格数量限制规则的国家均已经部分甚至全部解除了限制,[1]相信解除限制之后养老金的收益率将有不同程度的提高,而监管成本将进一步降低。由此可见,在以发达国家为主的 OECD 内,对养老金的监管已经越来越依赖成本－收益分析和风险分析,成本－收益分析早就超越了理论研究层面,开始实实在在地应用于养老金监管的立法、修法和执法之中,已经成为 OECD 制定法律法规、规章、政策和指引的理论基础。

三、成本－收益方法如何应用于中国的养老金监管实践

改革开放以来,中国的金融立法大量借鉴了普通法系的理念,如《银行业监督管理法》、《信托法》均规定在监管中要遵循审慎原则。和中国具有类似大陆法系传统的日本以及作为养老金私营化的先锋的智利,均已经从严格数量限制规则转换为审慎人规则,这很值得中国借鉴。

一些坚持中国养老金投资应当实施严格数量限制的学者认为:中国资本市场的不完善是无法实施审慎人规则的主要原因。的确,考虑到中国成文法的传统和资本市场尚不完善的现实,为防范养老金投资的风险,未来的个人账户养老金投资管理法规在初始阶段应贯彻严格数量限制规则,限制养老金投资股市的比例,但该比例的确定不应是主观的判定,而应当通过诸如资本资产定价模型等经济分析方法得出大致的范围,并遵从成本－收益方法,至少确保监管的收益大于成本。

用发展的眼光来看,金融是现代经济的核心,而资本市场是金融市场的重要组成部分,各国的经济发展水平都与资本市

---

〔1〕 OECD, 2010 *Survey of Investment Regulaiton of Pension Funds*, Paris, June 2011.

场的发达程度密切相关。大力发展资本市场将有助于实现金融资源的有效配置，健全金融体系，维护金融安全，完善市场经济体制，加快经济增长方式的转变。2005 年中国资本市场开始了股权分置改革，2010 年 4 月正式推出了股指期货，这些改革措施使得我国"新兴＋转轨"的资本市场从原先庄股横行、基金黑幕肆虐逐步向规范、稳定方向发展。到 2020 年，中国资本市场的法律制度和监管体系将更加完善，机制健全、透明高效、运行安全的市场体系将基本建成，资本市场将成为更加公开、公平、公正的市场，将为养老金所必需的安全性、收益性、流动性提供制度性保障。

随着中国资本市场逐步走向成熟，未来在针对投资管理人投资进行监管的实践中，中国可以借鉴英美法系中养老金投资的审慎人规则，利用全国社保基金理事会委托投资管理人的成功经验，充分发挥养老金投资管理人的主观能动性，投资限制应当更为宽松，可以包括海外投资、金融衍生品、商业房地产等，以对冲潜在的长期风险。考虑到未来养老金融的大发展和金融综合经营、综合监管的要求，应当在下一步大部制改革后的"国家金融监管委员会"内设养老金融监管局，专门负责养老金融体系的组织、协调、监督和管理工作，通过监管体制创新，探索基于养老金融风险防范的法规配套、税收配套、投资环境配套，促进养老金融发展，应对老龄化危机。

第三章

国外养老金监管立法的经验教训及借鉴

他山之石，可以攻玉。中国作为发展中国家，养老金体系的建立只有不到 20 年的时间，这方面可以总结发达国家养老金监管立法的经验教训，以作为中国养老金监管立法之镜鉴。由于不同法系国家法律的起源和养老金制度均存在很大差异，本章主要介绍国外和我国香港地区养老金监管的经验教训。

第一节　英国养老金监管立法的经验教训 [1]

一、不断变革中的英国养老金体系

英国的社会保障制度最早可以追溯到 1601 年的《济贫法》，当时主要表现为各种济贫自助机构和教会组织的救济贫民活动。1908 年，英国首次通过《养老金法案》（The Old Age Pensions Act），开始实行了由税收资助的不付保险费的最低养老保险金，主要是针对特别需要帮助的贫民、儿童和无力进行自救的人。以 1942 年经济学家威廉·贝弗里奇（William Beveridge）发表的《社会保险及相关服务》（即著名的贝弗里奇

---

〔1〕　本节内容主要参考了胡继晔："养老金体系在富裕国家的变化——以英国为例"，载《国际经济评论》2011 年第 6 期。

报告）为基础，执政的工党政府通过了《1946 年社会保障法》，同年通过了《国民保险法》、《国民工伤保险法》和《国民保健事业法》，从而初步形成了内容广泛统一的社会保障体系。1965 年，英国对社会保障法的内容作了大量的补充和修改，1975 年再次修法，对基金缴纳体制进行了重大的改革，从而形成了现在英国社会保障的基本结构。后来，英国又陆续颁布了《1992 年社会保障缴费和补贴办法》、《1992 年社会保障行政管理法》和《1998 年社会保障法》等。

　　作为普通法系鼻祖的英国，上述这些成文法仅仅规定了一般的法律框架，而把细节留给社会保障部制定，于是产生了大量的规章和指引（Guidance）。基于《2004 年养老金法案》，近年来英国颁布了一系列养老金监管指引，作为该法案的配套规章，指导养老金监管工作的各个方面。如 2008 年 1 月颁布了《雇主自愿养老金计划指引》，2008 年 5 月颁布了《养老金受益人自愿退休年龄选择指引》，2008 年 10 月颁布了主要针对小型养老金计划的《利益冲突解决指引》，2008 年 12 月颁布了《待遇确定型养老金计划终止指引》，2009 年 6 月颁布了《养老金清算指引》，2010 年 6 月颁布了《养老金数据记录保护指引》和《职业养老金计划终止清算指引》，2010 年 11 月颁布了《雇主责任监督指引》和《多雇主养老金计划终止指引》。[1]

　　英国社会保障制度的指导原则是全体公民应普遍享有社会保障权利，国家应负起保障公民福利的职责，因此，实施范围包括了本国全体公民和在本国领土上居住了一定时间的外国人。其社会保障体系的内容包括社会保险、社会救助、国民保

[1]　相关规章、指引均载英国养老金监管局官方网站：http://www.thepensionsregulator.gov.uk/doc – library/guidance.aspx.

健服务、个人生活的社会照顾等。二战以后英国逐步成为"从摇篮到坟墓"的福利国家，而养老保险体系就是福利国家的基石。目前英国正在变革中的养老金体系主要由以下"三支柱"构成：

（一）第一支柱国家养老金（State Pension）

作为第一支柱的国家基本养老金（Basic State Pension）体现着英国在保障劳动者基本权益方面的国策，是英国现代社会保障制度的基础，体现了社会福利的普遍性原则。二战以后，国家养老金就与物价指数和平均工资水平相挂钩进行了多次调整，逐步覆盖所有公营和私营部门的雇员。不论收入高低，所有公私雇员缴纳的养老保险金费用标准比例全部一致，这样收入高者缴费额也高，但所有人退休后所获养老金数额全部一致，实现了养老金二次分配的公平。2011 年度，国家养老金为每人每周 97.65 英镑，或者每对夫妇 156.15 英镑，受益者获得国家养老金的具体金额可能会受到个人条件（如参加社会保险年限）的影响，但和退休前的缴费额无关，体现的主要是社会公平。现行养老金缴费年限为 30 年，此前曾经要求缴费年限高达男性 44 年、女性 39 年。

目前英国的老龄化趋势越来越明显，国家养老金也越来越不堪重负。英国国家统计署的人口统计资料表明，2009 年全英人口 6179 万，其中 65 岁以上占 16% 以上，85 岁以上的高龄老人达 140 万人。[1] 到 2050 年，退休人员与就业人员的比率将达到 1 : 2。老龄化的压力迫使政府不得不调整养老金缴费比例。在 2010 ~ 2011 财政年度之前，养老金缴费的比例是雇员缴纳工资的 11%，雇主缴纳 12.8%，合计为 23.8%。这

---

[1] See http://www.statistics.gov.uk/cci/nugget.asp? id=949.

些缴费归结成为"国民保险基金"（National Insurance Fund）。该基金是现收现付的，结余资金全部购买国债或者存银行。

根据国民保险基金 2011 年 1 月 10 日公布的 2009～2010 财政年度年报，截至 2010 年 3 月 31 日，该基金结余 484.56 亿英镑，仅占全年预计支出额的 64%，比上个财政年度的 530.46 亿英镑减少了 45.9 亿英镑，主要原因是当年总收入为 758.97 亿，而支出为 804.86 亿，是该基金近年来首次出现的收不抵支的情况。[1]随着老龄化的加剧，为解决收不抵支问题，只能从增加缴费入手。从 2011～2012 财政年度开始，雇员和雇主的缴纳比例将各上升 1%，合计为 25.8%。除了增加缴费之外，从 2011 年起此后 10 年间，女性开始领取养老金的年龄每 2 年增加 1 岁，最终于 2020 年与男性持平，提高到 65 岁。从 2020 年起，无论男女领取养老金的年龄都将进一步提高，每 10 年增加 1 岁，到 2026 年、2036 年、2046 年，开始领取养老金的所有人年龄将分别提高到 66 岁、67 岁和 68 岁。

虽然有国家基本养老金，但由于替代率较低，无职业年金者年老后的贫困问题一直是政府面临的一个难题。"国家第二养老金"计划（State Second Pension，简称 S2P）是英国布莱尔工党政府上台后提出的一项针对该问题的养老金改革计划，正式开始于 2002 年 6 月，也被称为附加国家养老金，与国家基本养老金一起共同构成英国养老金制度体系的第一支柱。S2P 覆盖的主要目标人群是非常规就业者，如中低收入者、长

---

〔1〕 HMRC Finance, *National Insurance Fund Account 2009～2010*, Presented to Parliament pursuant to Section 161（2）of the Social Security Administration Act 1992, Ordered by the House of Commons to be printed 10 January 2011, London：The Stationery Office.

期患病或身体残疾的从业人员，任何已缴纳了国家基本养老金保费同时又没有职业养老金或私营养老金的雇员将自动具有享受 S2P 的资格。作为对弱势群体的直接照顾，在缴纳基本养老金保费年数相同的情况下，S2P 按不同收入层次支付给投保人不同的养老金。S2P 计划作为英国养老金体系第一支柱的重要组成部分，充分体现了政府在现代社会保障制度中的责任。

（二）第二支柱职业养老金（Occupational Pension）

和国家养老金不同，职业养老金是由私人和公共部门的雇主为其雇员提供的，包括确定受益型（Defined Benefit Plan，DB）、确定缴费型（Defined Contribution，DC）和二者混合型（Hybrid Plan）三种计划类型，截至 2011 年 3 月 31 日，这三种类型所覆盖的人数分别是 820 万、150 万、590 万，计划数量则分别为 600 个、44 000 个、1700 个，可见 DC 型计划的数量远远超出了其他两类计划。目前多数大公司提供的都是 DB 型养老金计划，其中 63% 的计划参与者集中在成员人数一万人以上的 136 个大型计划中。[1] DB 计划的责任主要集中在雇主和政府，英国就业与养老金部专门成立了"养老金保护基金（Pension Protection Fund）"来为破产的 DB 计划提供保障。为减轻负担，大多数 DB 计划早就对新加入雇员关闭，2012 年"2008 养老金法案"开始实施之后，所有新雇员都只能选择参加 DC 计划，[2] 贯彻"老人老办法，新人新办法"的原则。

---

〔1〕 The Pensions Regulator, *Annual Report and Accounts 2010 ~ 2011*, Report presented to Parliament pursuant to Section 11 (5) of the Pensions Act 2004, London: The Stationery Office, 30 June 2011.

〔2〕 Yermo, J. and C. Severinson, "The Impact of the Financial Crisis on Defined Benefit Plans and the Need for Counter - Cyclical Funding Regulations", *OECD Working Papers on Finance, Insurance and Private Pensions*, No. 3, OECD Publishing, 2010.

由于第一支柱的国家养老金替代率较低，大部分人退休后的主要收入来源于职业养老金。截至 2010 年 7 月，仅 DB 计划的资产就高达 9210 亿英镑，DC 计划的资产也一直在大幅提高，2008 年底时所有职业养老金资产为 1.41 万亿英镑，如此庞大的养老金资产在全球仅次于美国。所有职业养老金参与者达 2770 万人，占全部人口的 45% 左右，[1] 已经成为英国养老金体系中最重要的组成部分。

（三）第三支柱是私营养老金（Private Pension）

除了上述两个重要支柱之外，还有被称为第三支柱的私营养老金、养老储蓄和个人寿险。由于私营养老金主要是向自雇人员和没有参加职业养老金计划的人群提供，目前有 290 万人参加了个人集合确定缴费型（DC）计划，未来该支柱改革的重点将逐步向第二支柱的职业养老金靠拢，第二支柱、第三支柱的个人养老金缴费者均可以自 2012 年起加入国家职业储蓄信托（National Employment Savings Trust, NEST），通过该信托的投资获取回报。

在私营养老金计划发展方面，高昂的管理成本和销售佣金严重打击了雇员加入该类型计划的信心，也背离了政府推出私营养老金计划旨在提高养老金计划覆盖率的初衷。高昂的费用使得低收入雇员加入个人养老金计划后得到的养老年金不足以维持正常的生活，侵蚀了养老金积累，社会上出现了数量可观的领取养老金的老年贫困人口。目前私营养老金每年的管理费率为基金市值的 0.8% ~ 1.5%，如果以 1.5% 计，40 年的私营

---

〔1〕 The UK's Office for National Statistics, Statistical Bulletin: Occupational Pensions Schemes 2009, see http://www.statistics.gov.uk/pdfdir/ops1010.pdf.

养老金供款之后仅管理费就将占基金总市值的 30% 以上。[1]有鉴于此，未来的国家职业储蓄信托 NEST 管理年费率远低于普通的私营养老金、共同基金和盈利性质的寿险养老金，仅为 0.3%。

除上述的三支柱之外，还有可以称为"0"支柱的低保养老金（Guarantee Credit）。低保养老金是维持公民的最低生活水平、避免其沦入贫困深渊的最后防线，其目标人群是社会的穷人或弱势群体，甚至都没有领取第一支柱国民养老金的资格，更别提第二支柱职业养老金。该基金的领取是基于家计调查而选择性发放的，只有"穷"到一定程度，才能享受该基金。这是 1908 年《养老金法案》百年后的遗产，目的是为英国养老保险体系进行最终的兜底。当然，这一制度也造成低收入家庭减少了养老储蓄，增加了现期消费，有一定的"养懒人"效果。2010 年，低保养老金为每人每周 97.65 英镑，和国家基本养老金一致；或者每对夫妇 202.4 英镑，高于国家基本养老金，这就是该等贫困年长者的主要收入。此外，80 岁以上的老人还可以领取每周 58.5 英镑的高龄津贴，主要针对那些无国家保险缴费，或者因缴费时间不足从而领取国家养老金不足 58.5 英镑的高龄人士。

二、英国养老金监管立法的历史经验教训

从上述"三支柱"体系可以看出，英国有关养老金的一系列社会政策都体现了一个基本的理念，即国家在保障老年人生存福利方面承担主要责任，具体体现在政府保障老年人生活

---

[1] David Pitt – Watson, "Tomorrow's Investor Pensions for the People: Addressing the Savings and Investment Crisis in Britain", The Royal Society for the encouragement of Arts, Manufactures and Commerce, 2009.

方面的支出不断增长。

　　20 世纪 60～70 年代是英国社会保障制度的大发展阶段，社会保障项目时有增加，社会保障开支不断增大。社会保障的具体经办机构是分布在全国各地的 550 个地方社会保障办公室（所）。英国政府充分利用已有的法律资源，把信托法中约束受托人的责任和义务应用于养老金受托人，引入司法监管机制，即允许申请人对养老津贴资格的决定提起上诉，以维护程序正当和法治。根据《1992 年社会保障行政管理法》的相关规定，英国建立了两级上诉体制：首先是向社会保障法庭提出上诉，此时如果有法律解释错误、判决所依据的事实缺乏证据、判决被认为是任何一个法庭不可能作出的和违反了自然公正原则等，均可向社会社会保障专员上诉，即二次上诉。[1]

　　为了处理和解决养老金计划中的特殊问题，议会通过了《1973 年社会保障法案》，并依据该法设置了职业养老金管理委员会（Occupational Pension Board，OPB）。作为一个独立的监管部门，OPB 最初主要管理协议退出的职业养老金计划，确保协议退出雇员的待遇水平不低于国家收入关联计划。随着时间的推移，该机构要求职业养老金计划适当地披露信息、向受托人提供咨询以便更好地遵守法律、帮助受托人修改养老金计划的规则等。在养老保险基金监管中，分别对缴费确定型（DC）和待遇确定型（DB）的投资计划采取不同的监管模式。DC 计划的成功主要取决于基金管理人的勤勉和审慎，按照英国普通法的传统，主要强调对基金管理人的审慎监管（Prudential Regulation）。DB 计划通常采取资产负债管理方式，通过构建管理的金融资产组合和未来费率调整因素，实现计划的

---

　　〔1〕　〔英〕罗伯特·伊斯特：《社会保障法》，周长征译，中国劳动社会保障出版社 2003 年版，第 24～25 页。

良性运行。DB 计划管理中资产值与负债值的对应区间在 90% ~
105%，如果资产值超过 105% 的限额，该计划必须在 5 年中
降低至 100% 的负债水平；相反，如果资产值下降到负债的
90%，计划应在年内将资产提高至负债的 95%，并在以后 5
年中提高负债的 100%，具体运行方式是通过调整费用征
缴率。[1]

1991 年，镜报集团董事长麦克思威尔从自己控股公司的
养老基金中窃取了 4.53 亿英镑的基金资产，公司于 1991 年破
产后，8.5 万职工丧失了全部或部分职业年金。[2]该事件使英
国政府和学术界认识到：由于此前在"审慎人规则"之下，
雇主和受托人拥有太多的自由裁量权，养老金受益人的利益和
养老金安全受到严重威胁。为此，英国议会通过了《1995 年
养老金法案》，并在原 OPB 的基础上成立了职业养老金监管局
（Occupational Pensions Regulatory Authority，OPRA）。该局的成
立使得职业养老金实现了系统、独立监管，摆脱了监管工作的
从属地位，建立了被动反应式监管模式。

由于被动反应式监管模式具有很多缺点，诸如工作目标不
明确、监管授权不足、收集信息不充分等问题，不恰当的监管
工作增加了计划发起人的运营成本，增加了雇主关闭养老金计
划的风险，反而不利于保障计划成员的利益安全。因此，这一
阶段的主要任务就是在信托法、《1995 年养老金法案》以及职
业养老金监管局工作的基础上解决上述问题。为此，议会通过
了《2004 年养老金法案》，并根据该法案在 2005 年组建了新

〔1〕 Gregorio Impavido, "Stress Tests for Defined Benefit Pension Plans-A Primer", IMF Working Paper, Monetary and Capital Markets Department, February 2011.

〔2〕 Jill Solomon, *Corporate Governance and Accountability*, John Wiley and Sons, 2007.

的监管机构——养老金监管局（The Pensions Regulator，TPR），以取代原来的 OPRA。该局受内阁部门（就业与养老金部）的监督指导，主要任务是：保护职业养老金参与人的权益，促进养老金管理人的良好公司治理，降低养老金支付的潜在风险。

作为普通法鼻祖的英国，在保护产权、执行合同、对违法者的裁决和惩罚中，法院一直占据着主导地位。但法院执法面临两方面的问题：一方面，法院的事后裁决是一种被动式执法手段，另一方面，大企业拥有的强大经济资源足以破坏司法公正，因此仅仅依靠法院是不够的。监管正是对普通法遭到破坏和事后被动式执法时诉讼体制低效率的一种回应，更强调事前的介入。[1]《2004 年养老金法案》允许养老金监管局采取积极主动的事前监管方式，加强了对计划受托人、发起人和相关人士的培训和指导，要求托管人具备对养老金、托管以及其他相关问题的知识和理解能力，并且熟悉规则及计划中将要接触的各种事务。监管局对确保满足以上要求、构建托管人知识水平和理解能力的教育框架负责。同时，为了防范风险，监管当局积极主动地收集相关信息，在此基础上可以采取积极的行动来终止和解散养老金计划，并给予相关违规人员最高 5 万英镑的罚款。

从养老金监管立法的历程可以看出，英国作为最早的工业化发达国家，养老金监管立法逐步实现了从专业监管、独立监管，再到事前主动监管的过渡，对养老基金监管的认识也逐渐深入。特别是近年来配套的规章、指引实现了对养老金管理工作的全方位指导和监督，非常实用。这些指引为养老金监管建

---

〔1〕 Edward Glaeser, and Andrei Shleifer, "The Rise of the Regulatory State", vol. 41（2）*Journal of Economic Literature*, 2003.

立了基本原则，包括：清晰、公平、无误导；开放、透明；避免利益冲突；金融咨询保持独立性，等等。这些立法和修法的指导原则和经验很值得中国学习、借鉴。

三、英国养老金监管立法的最新进展及其借鉴

英国虽然是资本主义的鼻祖，但在养老金监管立法领域并不抱残守缺，而是一直在进行改革。《2008 年养老金法案》是英国养老金立法史上又一个里程碑式的法案，核心内容是规定自 2012 年 10 月起，英国将实现职业养老金从自愿到强制性的过渡，以缓解老龄化和老年贫困化的压力。

当前英国一般的生活消费部分主要包括衣、食、住、行、医疗保险及个人消费，伦敦地区每人至少需要每周 200 英镑，其他地区 160 英镑。如前所述，第一支柱养老金和低保养老金均为每人每周仅 97.65 英镑，无法满足基本生活费用，因此老年贫困化问题一直是政府面临的主要社会问题之一。和英国类似的发达国家的居民家庭储蓄率普遍较低，主要是因为这些国家具有较为完善的社会保障体系，居民没有太强烈的生老病死等后顾之忧。储蓄率过低使得经济增长动力不足。詹科夫等（Djankov et al.，2002）的实证研究发现：英国在个人养老金计划推出后提高了其 GDP 约 0.2% 的储蓄家庭储蓄增加。[1]郑秉文、胡云超（2004）认为，随着英国政府对个人养老金计划发展的规范和监管，个人养老金计划的参与率未来会比目前有所提高，养老金改革的储蓄效应还有更大的潜力，对英国经

---

〔1〕 Simeon Djankov, Rafael La Porta, Florencio Lopez - de - Silanes, Andrei Shleifer, "The Regulation of Entry", vol. 117 (1) *The Quarterly Journal of Economics*, 2002, pp. 1 ~ 37.

济的影响也会更深、更广。[1]

　　为增加储蓄率，使英国经济发展更有后劲，同时解决老年贫困化问题，英国于 2002 年成立了"养老金委员会"，对英国私营养老金储蓄情况进行了广泛调研，在 2004 年发布了题为《养老金：挑战与选择》的报告。该报告认为，如果不改革英国的养老金制度，领取养老金的人相对于社会其他人员来说会相对贫困，其中老年女性尤甚。养老金委员会认为，养老金改革的重点是解决第二支柱职业养老金仅为雇主自愿设立因而覆盖面不广的问题。[2] 据此，布莱尔领导的工党政府于 2006 年 5 月发布了《养老保障：迈向新的养老金体系》白皮书，在前言中，布莱尔首相自豪地宣称他所领导的工党政府自 1997 年上台之后 8 年间使得 200 万养老金领取者脱贫，但由于老龄化和老年贫困化的巨大压力，为使养老金维持可正常负担、可持续发展、维护代际公平，必须改革现有的养老金体系以鼓励个人为自己的老年进行储蓄。[3]

　　在上述白皮书的基础上，英国政府就业与养老金部在 2006 年 12 月正式向议会下议院提交题为《个人账户：一条储蓄新路》的报告，提议改变第二支柱养老金的自愿缴费方式为半强制性，以尽可能增大职业养老金的覆盖率，实现到 2012 年所有的就业者都能够在第一支柱的国家养老金计划之外参加职业养老金计划的目标。在该报告中，布莱尔的就业和养老金部大臣约翰·哈顿（John Hutton）估计，英国有大约

---

　　〔1〕　郑秉文、胡云超："英国养老制度市场化改革对宏观经济的影响"，载《国际经济评论》2004 年第 1、2 期。

　　〔2〕　See "Pensions: Challenges and Choices, The First Report of the Pensions Commission", Published by The Stationery Office (UK), 2004.

　　〔3〕　See *Security in Retirement: Towards a New Pensions System*, Produced by the Department for Work and Pensions, Printed in the UK, May 2006.

700 万人并未为其老年生活进行足够的储蓄，这占到全国总人口的 10% 以上，他们在年老之时将面临老年贫困化的困境。为解决储蓄不足的问题，最佳之道就是通过新的个人养老账户，将自愿的私人养老逐步过渡到"自动加入"（Automatic Enrolment）进国家提供的低成本储蓄信托计划中去，并把雇主自愿提供的职业养老金体系转变为强制性体系。[1]

经过布莱尔政府的力推以及议会近两年的辩论之后，英国下议院在 2008 年 11 月通过了《2008 年养老金法案》，以法律形式确立了个人养老金体系的具体改革措施，规定第二支柱自愿职业养老金将自 2012 年 10 月起成为事实上的强制性职业养老金，要求所有年收入 7475 英镑以上、年龄在 22 岁到法定退休年龄之间、没有参加任何职业养老计划的劳动者都将"自动加入"职业养老金计划，届时雇主将缴纳雇员工资的 3%，雇员本人缴纳 4%，政府以税收让利的形式计入 1%，合计 8% 的缴费注入雇员的个人账户，组成新的强制性的养老金第二支柱。针对众多中小企业，包括大量个体工商业者、自雇人士和非常规就业者，政府将制定前文所述的国家资助的低成本养老金储蓄计划——国家职业储蓄信托 NEST，来管理最少一个人的职业养老金计划。2012 年 10 月正式实施后可新增 75 万家企业，覆盖面增加 900 万私营企业的雇员。养老金监管局也新增加一项工作：敦促所有雇主按照新的法律规定，使其所有雇员"自动"参加职业养老金计划。[2]这样有政府法律强

---

〔1〕 See "Personal Accounts: A New Way to Save", Presented to Parliament by the Secretary of State for Work and Pensions by Command of Her Majesty, December 2006, The Department of Work and Pensions.

〔2〕 See "The Pensions Regulator, Annual Report and Accounts 2009 ~ 2010", Report presented to Parliament pursuant to Section 11 (5) of the Pensions Act 2004, London: The Stationery Office, 22 July 2010.

制性的"自动加入"机制和工资1%的税收返还，有超低的0.3%年管理费率优惠，届时第三支柱的私营养老金、个人寿险会更多地和第二支柱融合，统一使用NEST平台，由此将构成英国养老金的主体。通过强制性地增加储蓄，不仅可以促进英国经济的复苏和发展，也将在很大程度上减轻老龄化和老年贫困化的压力。

当然，这一改革并非完满无缺。自2011年起，第一支柱国家养老金缴费率从23.8%提高到25.8%；自2012年起，职业养老金缴费率的8%也将成为强制性的缴纳，如此高的缴费加重了雇主和雇员两方的负担，使得步履蹒跚的英国经济雪上加霜，降低了英国产品和服务的竞争力。作为企业家代表的英国商会通过题为《2008养老金法案对灵活就业市场的影响》、《养老金改革：对工商业的限制与挤压》等报告表达了工商界的忧虑，如改革成本过高，影响新增就业岗位等。[1]大多数普通英国人也都觉得养老金缴费不堪重负，但又无可奈何。英国曾经独霸世界，但昔日"日不落帝国"的辉煌如同其老龄化的人口一样，今天笼罩在落日的余晖之中。在英国经常可以看到工作时间的公交车上很多都是免费乘车的老人，其中不乏高龄的老妇人，她们因雌性激素枯竭而长出了参差不齐的白色胡须，她们和耄耋之年的英国女王一样成为这个人口已经进入暮年国家的象征。

---

〔1〕 British Chamber of Commerce, "The Impact of the Pensions Act 2008 on the Flexible Labour Market", 2009; "Pension Reform: Limiting the Squeeze on Business", 2010. See http://www. britishchambers. org. uk/zones/policy.

第二节　美国养老金监管立法的经验教训

美国虽然和英国一样属于普通法系国家，其养老金领域被牛津大学克拉克教授统称为"盎格鲁－撒克逊模式"，[1]但由于英美两国人口、资本市场发展状况不尽相同，两国在养老金监管立法上还是存在着明显的不同。从数量上来看，美国的社保基金主要分为不可投资股市的联邦社保基金和可以投资股市的私营养老金、地方公务员年金，它们的投资方式和确保保值增值的法律各不相同。

一、《社会保障法案》及联邦社保基金的保值增值

根据 1935 年罗斯福总统签署的《社会保障法案》而建立的国家强制性保险是美国覆盖面最广的第一支柱社会保障制度，今天通行世界的"社会保障"一词就来源于该法案。到 2012 年底，该制度的覆盖面已经达到 1.59 亿人，包括从政府官员到理发师 95% 以上的各类从业人员。根据该法案，在美国社保基金监管的体制中，联邦政府与州政府均有高度自治权，但联邦层面的立法不能抵触宪法，州层面的立法不能抵触联邦立法。各部门间有明确的职责分工：社会保障总署（Social Security Administration）管理老年、伤残、死亡保险，健康照顾资助总署则协同公共健康业务局、社会保障总署和州卫生部门管理全国医疗补助业务，劳动和社会保障部对失业保险进行一般监督，就业培训总署和失业保险服务局管理全国的失业救济金，凡属于全国性的保险，由联邦政府机关负责管理。

---

〔1〕　Gordon L. Clark, "Pension Fund Capitalism: A Causal Analysis", Geografiska Annaler, Series B, vol. 80 (3) *Human Geography*, 1998, pp. 139~157.

在资金筹措方面,根据《社会保障法案》而建立的"联邦老年、遗属和伤残人保险信托基金"(Federal Old – Age and Survivors Insurance and Disability Insurance Trust Funds,简称联邦社保基金 OASDI)是通过征收工薪税筹集的,由雇主和雇员按工资的 6.2% 缴纳,合计 12.4%。OASDI 由美国社会保障署实行高度集中的统一管理,在全国各地设置了 1400 多个分支机构,全部工作人员 7.5 万人,具体从事社会保障税缴纳情况记录、受益资格认定、咨询、养老金发放等工作。根据 OASDI 理事会 2012 年的第 72 个年度报告,到 2011 年底,美国约有 5500 万退休、伤残雇员及其受益人领取养老保险金,占全国 65 岁以上老年人口的 90% 以上。当年征收的工薪税及利息收入为 8050 亿美元,支出为 7360 亿美元,基金历年结余的资产总额达到 2.7 万亿美元。[1]该基金实行全国统筹的现收现付制度。

在日常对各项社会保险工作进行监督和管理方面,美国社会保障总署发挥了主要作用。根据《社会保障法案》第 702 ~ 704 条,社会保障总署应向国会定期提交关于其职责和管理情况的报告,其有权就在法律执行过程中出现的特殊情形根据法律的规定进行调整。为避免受党派的影响,社会保障总署署长的任期为 6 年,和总统任期错开。社会保障总署在日常监管工作中如发现支付的养老待遇高于或低于应付数额,或发现有人在 65 岁以后还从事稳定收入来源的工作,可依法调整给付数额。对社会保障总署的日常监管工作的指导和监督由独立机构——社会保障咨询委员会承担,该委员会由 7 名成员组成,

[1] 数据参见美国联邦社保基金理事会(OASDI)2012 年 4 月 23 日向国会所做的第 72 次年度报告,参见 http://www.treasury.gov/resource – center/economic – policy/ss – medicare/Documents/TR2012%20OASDI%20Final.pdf.

任期 6 年，其中 3 名由参议院提名，由总统任命且不能全部来自同一党派；2 名成员由参议院财政委员会提名，由总统任命，每一名成员来自不同党派；另外 2 名成员由众议院税收委员会提名，由议长任命，每一成员来自不同党派。所有 7 名成员的提名和任命都必须基于他们的廉正、无私和良好的判断力以及他们所受的教育、经验和取得业绩，确实能胜任委员的职责。为确保委员会成员的公正执法，法律规定社会保障咨询委员会委员在任职期间不能从事其他职业或受聘于其他工作。委员会的主要职责是就养老金、失业补偿、伤害赔偿及有关项目管理方面的政策提出法律意见。[1]

面对庞大的联邦社保基金结余，美国人虽然一直标榜自由、崇尚市场，但在公共资金投资问题上却十分谨慎、异常保守。《社会保障法案》第二章"联邦老年、遗属和伤残人保险信托基金（OASDI）"第 201（c）条规定：OASDI 理事会由社会保障署长、财政部长、劳工部长、卫生与福利部长、两位代表公众利益的理事组成，财政部长担任执行理事（理事长）。两位公众理事必须分别来自不同的党派，参议院通过后由总统任命。由于两党就该人选问题迟迟无法达成共识，2010 年该两个职位空缺，一直到 2011 年才得以委任。在该理事会制度中，由于财政部长同时担任 OASDI 理事长，使得财政部在社保基金保值增值中"第一责任人"的地位不可推卸。

对 OASDI 投资的规定主要在《社会保障法案》第 201（d）条，OASDI 的投资只能是"美国政府对于本金和利息均

---

〔1〕 U. S. Government Printing Office, "Title II: Federal Old – Age, Survivors, and Disability Insurance Benefits, Compilation of the Social Security Laws", pp. 551 ~ 558. Printed for the use of committee on ways and means by its staff, Washington, 2009.

予以担保的、孳息型证券",[1] 实际上就是专门为社保基金发行的特种国债。根据该法案,目前 OASDI 的全部资产均为年利率从 4% ~ 6.5% 的历年特种国债和公债有价证券,连所获利息也被存入 OASDI 基金。如此严厉限制再加上征缴率近乎 100%,在最近 20 多年中,OASDI 的结余从 1985 年的 420 亿美元增加到 2011 年的 2.77 万亿美元,增长了 60 多倍。始于 2007 年美国的次贷危机在 2008 年开始席卷全球,造成了被称为"金融海啸"的巨大金融危机,对全球金融市场带来的挑战前所未有。各国的私营养老金作为资本市场的重要投资者,绝大多数在金融危机中损失惨重。然而,沧海横流方显英雄本色,联邦社保基金虽然身处金融危机风暴的"风眼"——美国金融市场之中,但由于有《社会保障法案》201(d) 条款的严格限制和保护,使得 OASDI 几乎 100% 投资于特种国债,一方面确保了社保基金资产的安全性——国家信用担保,另一方面也确保了社保基金资产的收益性,特别在金融危机最严重的 2008 年,OASDI 总体收益率高达 5.1%,和金融市场的波动几乎无关。[2] 数万亿美元的庞大资产取得如此稳健的高收益,在全世界绝无仅有。与此同时,由于工薪税即时 100% 投资特种国债,以前到期的国债用于支付养老待遇,经过精算的这样一个循环投资模式满足了社保基金流动性的要求,美国的联邦社保基金堪称安全性、收益性、流动性的典范,真正做到了保值增值。

---

[1] U. S. Government Printing Office, "Title II: Federal Old – Age, Survivors, and Disability Insurance Benefits, Compilation of the Social Security Laws", pp. 8 ~ 21. Printed for the use of committee on ways and means by its staff, Washington, 2009.

[2] 数据参见美国联邦社保基金理事会 (OASDI) 2010 年 8 月 5 日向国会所做的第 70 次年度报告,报告电子版可访问美国社会保障署官方网站:http://www. socialsecurity. gov/OACT/TR/2010/trTOC. html.

当然，确保联邦社保基金保值的《社会保障法案》201
(d) 条款并非被所有人认同。在小布什总统时代的 2002 年，
美国国内关于联邦社保基金是否可以私有化曾经进行过异常激
励的辩论，[1] 辩论的焦点是是否可以将部分联邦社保基金投
资股市，主张改革的共和党一派希望通过修法使得联保社保基
金可以部分进入股票市场，通过股权投资来避免单纯投资国债
收益率不高的问题。而固守原理念的民主党一派则认为，无论
从长期还是短期来看，如果联邦社会保障基金的一部分收入转
移到个人账户而进行股票投资，美国社保体系的支付能力从整
体上来说将受到严重的削弱。[2] 作为一个法律至上的国度，联
邦社保基金自设立起一直未曾入市购买股票，一旦进行股票投
资，必须先行修改《社会保障法案》第 201 (d) 条等相关条
款，而进行修法的草案甚至都没有进入国会的辩论程序。由此
可见，未被修改的法律在金融危机中确保了联邦社保基金的保
值增值，法律的作用在这里如何强调都不过分。

二、投资股市养老金的保值增值

按照尼克（Nick, 1998）的计算，在 1926 ~ 1996 年的 70
年间的美国资本市场，尽管有 1929 年大萧条所带来股票指数
90% 的惨重下跌、有 1973 ~ 1974 年间石油危机而导致的股票
指数超过 50% 的下跌，股票市场的年均复利收益率仍然达到

---

〔1〕 关于这场辩论的详细内容参见郑秉文教授当时在美国波士顿学院养老
金中心进修 3 个月时所进行的综合性评述。郑秉文："围绕美国社会保障'私有
化'的争论"，载《国际经济评论》2003 年第 1、2 期。

〔2〕 Diamond, Peter, Peter Orszag, "Reducing Benefits and Subsidizing Individu-
al Accounts: An Analysis of the Plans Proposed by the President's Commission to Strength-
en Social Security", Center on Budget and Policy Priorities and the Century Foundation,
Jun., 18, 2002.

10.7%，而美国政府的长期国债年复利收益率为5.1%，[1]不到股市收益的一半。因此，从长期历史来看，股票是所有投资工具中最佳的投资品种，可以分享经济发展所带来的成果，不能因为金融危机就放弃了投资资本市场。从实践来看，美国养老金经过几十年的大发展已经成为资本市场最重要的机构投资者：1974年底时，美国养老金投资额约1500亿美元，占股票总市值的约30%；[2]据 OECD 统计，2010年美国养老金总额达17.38万亿美元，相当于当年 GDP 的119%。2011年美国养老基金投资中股权投资占48.1%，其中近80%投资于共同基金，另外20%采取直接投资股票的方式。自1980年以来，大约84%的养老金投资于标准普尔500种股票。[3]

美国私营养老金目前是资本市场最主要的机构投资者，主要特征是雇主资助、个人自愿参与、政府给予税收优惠，其历史可上溯到1875年美国运通公司（American Express Company）的第一个私人雇主养老金计划，历史甚至比公营的联邦社保基金更为悠久。[4]私营养老金主要分为待遇确定型（Defined Benefits, DB）和缴费确定型（Defined Contribution, DC）两大类，主要通过投资资本市场来实现养老金的保值增值，同时也成为资本市场上最重要的机构投资者之一。

DB 计划的特点是指缴费并不确定，无论缴费多少，雇员

---

〔1〕 Jeffrey J. Nick, *Principles of Investment for Retirement in Developed Markets*, A Collection of Presentations on Social Security Funds Management at International Seminar, 1998.

〔2〕 ［美］彼得·德鲁克：《养老金革命》，刘伟译，东方出版社2009年版，第12页。

〔3〕 OECD, *OECD Private Pensions Outlook 2012*, Paris, 2012.

〔4〕 林弈：《美国的私人养老金体制》，北京大学出版社2002年版，第6页。

退休时的待遇是确定的，一般根据退休者整个工作生涯中的工资总水平、尤其是最后几年的水平，以及资历、工龄、级别和贡献等综合因素来确定。DC 计划的特点是个人缴费完全计入其个人账户，养老金给付水平几乎完全取决于缴费余额和投资收益。美国私营养老金一百多年的发展史与其资本市场的发展同步。1985 年，全美 DB 资产 8140 亿美元，是当年 OASDI 的大约 20 倍；DC 资产 4170 亿美元，是 OASDI 的 10 倍左右。[1]经过 20 多年的运营，到 2008 年，OASDI、DB、DC 三者基本上同处在一个数量级。然而，OASDI 由于几乎 100% 投资国债，同时参保人数因移民和新入职雇员数量增加而不断增加，结余数额稳定增加。在 1983 年工薪税率调整之前，OASDI 是典型的现收现付，几乎没有结余。DB 养老金 1985 年的起点最高，达 8140 亿美元，但 23 年间年均环比增长率仅为 3.89%。DC 养老金的增幅介于 OASDI 和 DB 之间，1985 年的起点资产为 4170 亿美元，23 年间年均环比增长率为 8.19%，是 DB 增幅的 2 倍以上。由于 DC 养老金资产的快速增长，从 1997 年开始，DC 资产开始超越 DB 资产。2007 年，美国私营养老金 DB 和 DC 之和达到其历史峰值 6.2 万亿美元，但在 2008 年的金融危机中，二者因大量投资股票而缩水 27% 以上，是近 20 年所遭受的最大单一年度损失。[2]

DC 养老金增速之所以大于 DB，主要原因是 DC 具有许多

---

〔1〕 数据来源于美国雇员津贴研究院研究报告：*Employee Benefits in the Unit-ed States：An Introduction*（Updated August 2009），参见该院电子出版物：http://www.ebri.org/publications/books/index.cfm? fa = databook.

〔2〕 数据来源于 OASDI 数据源自美国联邦社会保障署（SSA）1986 ~ 2010年历年向国会的年度报告；私营养老金 DB 和 DC 的数据源自美国雇员津贴研究院（EBRI）的历年年度研究报告："Nominal and Real Private Trusteed Pension Assets"，see www.ebri.org/pdf/publications/books/databook/table11.3.xls.

DB 所没有的优势。对雇员来说，DC 简单易懂，一目了然，缴费与未来待遇联系得很紧密，很方便雇员的计算，收入待遇虽没有承诺随投资回报而变化，但收益率往往高于 DB，并且雇员"跳槽"时便携性很好，多缴多得，产权明晰，可以继承，透明度高，可以随时查询，发生经济困难时甚至还可以申请贷款。对雇主来说，DC 无需精算，缴费水平较低，不需要对职工做出额外的给付承诺，负担比较小，省却了单独承担投资增值保值的麻烦；对政府来说，DB 型的私营养老金由专门的政府直接管理的"养老金待遇保障公司"来担保，而 DC 监管相对比较容易和单纯，主要进行合规性监管即可，政府的责任也相对更小。DB、DC 二者资产变动的历史情况及预测见后图 3.1。

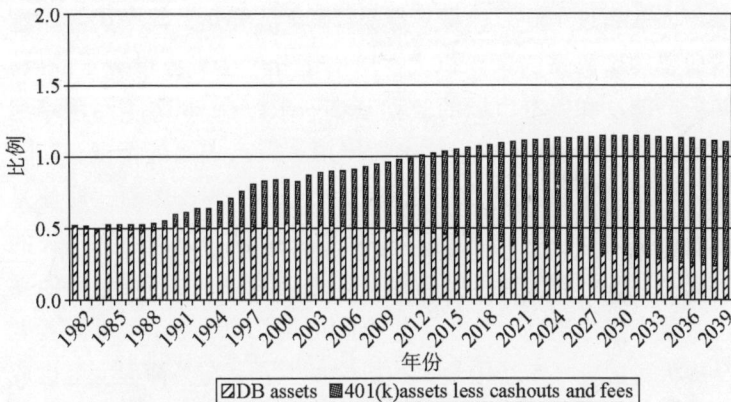

图 3.1 DB、DC 二者资产变动的历史情况及预测

数据来源: James M. Poterba, Steven F. Venti, David A. Wise, "New Estimates of the Future Path of 401 (k) Assets", *Tax Policy and the Economy*, Volume 22, University of Chicago Press, 2008.

从图中可以看到：DB 养老金在早期占据了绝对重要的位置，由于近年来一般不再出台新的 DB 计划，以 401K 为代表的 DC 计划逐步发展，近年来二者基本持平，未来 DC 计划将成为养老金的主流，其资产规模将达到和 GDP 相当（即与 GDP 的比例接近 1，将来会超过 1）的程度。

这里以美国加利福尼亚州公共雇员养老基金（California Public Employees' Retirement System，CalPERS）为例，来看一个具体的养老金是如何运作的。CalPERS 是目前最大的公务员养老基金、世界第三大养老基金，该基金根据加州法律建立于 1932 年，先于美国联邦社保基金，目的是为州政府各级公务员积累和提供退休养老金，被认为是投资股市养老金的一个典型。作为一个以公务员职业（州、市、县政府雇员以及学校的非教师雇员）为加入特征的养老金计划，由雇主和员工分别缴费，基金采用信托的形式运作。截至 2013 年 3 月底，其参与人数超过 160 万，资产额达 2600 亿美元，其中国际、国内股票的比例高达 66% 以上。[1] 由于养老金大量投资了股票，其资产波动和资本市场的波动基本一致：在 2002 年因网络泡沫破灭和"9·11"双重打击而出现了资产缩水的情况，2008 年因全球金融危机的影响更是缩水超过 20%。然而，即使是在经历了 2008 年标准普尔 500 指数下跌 38.5% 的重大损失的情况下，CalPERS 当年仅缩水 5.02%，在其过去 20 年间的平均收益率仍然高达 7.75%。[2] 由此可见，DB、DC 型私营养老金成为美国资本市场中最大的机构投资者，在某种程度上也成为美国资本市场稳定的基石。

---

〔1〕 数据参见 CalPERS 的官方网站：https://www.calpers.ca.gov.

〔2〕 数据参见 CalPERS 的 2009 年度报告：*Comprehensive Annual Financial Report*, Fiscal Year Ended June 30, 2009. 全文见 CalPERS 官方网站：https://www.calpers.ca.gov/mss – publication/pdf/xAhDlphrTtZZz_ xlQU5IVc6Ao6b_ CalPERS_ 2009_ CAFR. pdf.

三、法律如何确保投资股市养老金的保值增值？

从 OASDI、DB、DC 三者结余资产在过去 20 多年的变化可以发现，它们在保值增值问题上的不同侧重。第一支柱的联邦社保基金 OASDI 作为政府社会保障责任的重要体现，由于覆盖了几乎所有成年公民，通过《社会保障法案》的严格限制，以当期保值为首要目标，体现了联邦社保基金安全性、流动性、效益性的顺序。此外，《劳工法》、《证券交易法》、《投资公司法》、《投资顾问法》等也分别从不同方面对私营养老金的投资行为进行监管，确保了私营养老金的健康发展和保值增值。

1978 年美国《税收法》建立了合格退休计划税收延迟支付的著名的 401（k）条款，即雇主为雇员办理养老金计划时，可以在税前列支一定的养老金供款，把个人所得税推迟数十年缴纳对雇员具有很强的吸引力，对 DC 养老金的税收递延优惠也起到了重要作用。依据该条款，美国第二支柱的私营养老金获得了空前的大发展，2001 年《经济增长和税收救济协调法》增加了个人账户缴费的额度，允许年龄 50 岁以上的雇员追加缴费，允许设立税后罗斯 401（k）和设立税收延付 403（b）计划，使得雇员的养老金投资更为方便。很多美国大公司雇员将自己养老基金中的大量资金投入到本公司股票中，如在可口可乐、通用电气、麦当劳等公司，超过 3/4 的员工养老基金被用于购买本公司股票，而宝洁公司甚至高达 95%。针对这种过于集中投资本公司股票的现象，借鉴投资组合理论，《税收法》也提出了投资组合分散化的要求，以防止雇员参加职工入股计划时因公司倒闭而丧失退休金和津贴。《税收法》第 401（a）（28）节规定，当一个职工入股计划参加者达到 55

岁并已经参加该计划 10 年，就必须给予其分散投资风险的选择机会，必须把个人账户中其雇主股票的 25%～50% 分散投资到雇主股票之外的其他投资组合中。"不把鸡蛋放在一个篮子"里的风险分散思想已经渗入美国的法律体系，并成为立法和修法的一项基本原则。

由此可见，为确保私营养老金保值增值，美国的《信托法》、《统一审慎投资者法》、《雇员退休收入保障法案》、《税收法》等构成了相对完善的法律体系。一方面，通过税收优惠鼓励雇员投资私营养老金；另一方面，要求投资管理人履行审慎管理职责，通过分散化投资组合的方式，实现风险既定情况下的投资收益最大化、投资收益率既定情况下的风险最小化。金融经济学的理论正是由于法律体系的保障，作为金融危机海啸"风眼"的美国，私营养老金在金融危机中一定程度上规避了市场大幅下跌的风险，不管是从全美 DB、DC 养老金的数据，还是加州公务员养老金的数据中都可以看到分散化投资组合所带来的优势。

根据美国最新的《2010 年华尔街改革和消费者保护法案》，监管机构将制订新的严格规定，以保证投资顾问、金融经纪人和评级公司的透明度和可靠性；强调华尔街经纪人的信义义务（fiduciary duty），即客户利益高于经纪人的自身利益。新法案号称自"大萧条"以来改革力度最大、影响最深远的金融监管改革议案，反映了美国朝野从政府到国会、从法律界到学术界对 2007 年至 2009 年金融危机的全面反思，其中在养老金投资者保护方面可以看到它与普通法传统中信托的"审慎人规则"一脉相承。根据拉波特等（La Porta et al.，1998，2008）的法律起源假说，起源于普通法传统的国家强调"信义义务"，对投资者的保护程度要明显高于那些法律起源于大陆法（尤其是法国大陆法）传统的国家。由于不同的法律起源塑造了不同的法律体制、政治制度和监管规则，并进一步塑造了不同的金融体系，最终导致了不同的经济绩效，普通法国家的资本市场要比大陆民法国家，特别是起源于法国民法的国家要更为发达。[1]实际上，目前的主要国际金融中心如伦敦、纽约、新加坡、中国香港，都是普通法国家或地区。未来投资股市的养老金作为资本市场上最重要的机构投资者将受到更为严格的保护，养老金的保值增值才能获得真正的法律保障。

第三节　其他国家与我国香港养老金监管立法的经验教训

除英美两国之外，其他国家及我国香港地区养老金监管立法的经验教训也很值得我国借鉴与吸收。

一、日本的养老金监管立法

日本的社会保障制度形成于20世纪20年代，在二战后取得了长足发展，现已基本形成综合性的体系。日本社会保障制度的种类繁多、结构复杂，主要包括养老保险制度、医疗保险制度、失业保险制度和工伤事故保险制度等。管理日本养老金的中央组织为厚生省年金局及社会保险厅。年金局主要负责拟订厚生年金保险及国民年金计划和计算统计厚生年金保险及国民年金；社会保险厅主要负责年金制度和健康保险制度的实

〔1〕　R. La Porta, F. Lopez – de – Silanes, A. Shleifer, and R. W. Vishny, "Law and Finance", vol. 106（6）*Journal of Political Economy*, 1998, pp. 1113 ~ 1155. R. La Porta, F. Lopez – de – Silanes, A. Shleifer, "The Economic Consequences of Legal Origins", vol. 46（2）*Journal of Economic Literature*, 2008, pp. 285 ~ 332.

施。地方管理组织包括都道府县厅和地方事务所。

日本从第二次世界大战后开始构筑完整的劳动保险体制。随着经济和社会的发展，为了统一年金制度，日本于 1959 年制定了《国民年金法》，从 1961 年 4 月开始实施。根据该项法律，所有个体经营者（包括农民）以及无业人员都参加国民年金制度，这样再加上厚生年金制度下的全体在职职工和各共济组合制度下的就业人员，日本的全体国民都能享受某种年金待遇，实现了"国民皆年金"。20 世纪 70 年代后由于老龄化趋势显现，日本的立法重心开始向老龄对策转移，各种社会保险法律进行了一系列调整。20 世纪 90 年代后，经过多年立法准备而制定了全新的《护理保险法》。

1996 年 11 月日本公布的金融改革方案核心是：在 5 年内全面解除金融管制，以建立一个自由、公平和全球化的金融市场，目的在于转换现行的金融机制，由行政督导的模式转向市场机制的模式，通过规制缓和来解除金融业的种种行政束缚，让金融业放手去开发、推广金融创新产品和进行机构重组。1998 年 10 月，日本国会通过了《金融再生法》和《金融机制早期健全措施法》。根据《金融再生法》，日本在养老金监管领域从传统的严格数量限制规则向审慎人规则过渡。

2001 年，日本通过厚生省发布《养老公积金经营基本方针》对社保基金进行了改革。该方针主要通过对资产、负债进行综合管理，以分散投资为基本方针进行风险管理，同时分析养老金经营结果对财政状况的影响，必要时使其反映在财政再核算中。改革后，养老公积金成为一项社保信托基金，其投资的最终目标是为了维护养老金受益人的利益。在新的权责体系中，厚生省负责制定基金的基本投资策略，管理和监督"年金资金运用基金"。在投资决策过程中，它必须向全国社保协议会下属的基金管理委员会（由受益人代表、工会、金融和经济管理专家等 11 名代表组成）进行咨询，并接受其监督，向其提供每年基金的投资管理和资产收益情况。"年金资金运用基金"则在厚生省的监管下，负责制订每年的投资计划（聘请外部专家为其提供决策指导），进行资产的委托投资管理，并接受内部和外部的审计。其董事会主席由厚生省直接任命，另外两位董事成员也由厚生省提名。几乎每年厚生省都通过"厚生劳动省告示"的形式对《养老公积金经营基本方针》进行修改，以适应养老金经营状况的变化。

目前的日本已经是世界上预期寿命最长的国家，老龄化十分严重。2000 年时，日本人口中 15 ~ 64 岁的劳动人口为 8640万人，占全部人口 1. 269 亿的 68. 1%。而到 2015 年，劳动人口将迅速下降到总人口的 61. 2%。根据 2010 年 3 月 31 日的养老金公积金年度报告，2009 年比上年资产增加 20. 2%，达到创纪录的 94. 3 万亿日元（约合 9530 亿美元）。[1]在应对老龄化危机之时，日本的养老金监管机构不遗余力，一方面采取支持市场化的策略来分散化投资，另一方面又加强监管，确保了庞大养老金资产的保值增值。

二、其他国家养老金监管立法

除上述美、英、日三国之外，其他国家在社保基金监管立法方面也各有特色。如澳大利亚、荷兰、瑞士等国致力于发展多层次模式中的私营化管理的基金制模式，基金资产占 GDP的比重均超过 80%。

---

〔1〕　数据来源于全球养老金（Global Pensions）网站，http://www. globalpensions. com/global-pensions/news/1723285/japans-pensions-mandates-202-despite-dire-demographics. 访问日期：2012 年 10 月 5 日。

在工人运动的压力下，德国建立了世界上最早的社会保障制度。铁血宰相俾斯麦在 1883 年制定了世界第一部《疾病保险法》，1884 年通过《工人赔偿法》，1889 年实行了《伤残和养老保险法》。此后的 1911 年，德国开始实行职员养老社会保险，1927 年实行失业社会保险。

由于 20 世纪 50 年代以后，德国确立社会市场体制以及德国经济的迅速发展，使得社会保障制度在这段时期迅速扩展。以失业保险为例，德国失业保险基金的筹集，原则上是作为一种法律的义务，由每个雇主和雇员缴纳，但也有些人员可以免缴失业保险费。德国失业保险监管的特点在于各失业保险机构实行自治管理的原则，保险机构的领导由雇主、雇员和国家三方面组成，德国的失业保险机构是一个独立的机构，它负责失业保险、失业救济和其他各项资金（如破产补助金和缩短工时补贴）的发放、管理。而德国对医疗保险基金的监管主要依靠按行业和地区设立的 1270 个疾病基金会，依参加对象的职业分为地方、企业、商业、矿工、海员、农业者六种法定疾病基金会。联邦政府有权对同种疾病基金会中财政困难的基金会作出相互调整。此外，还有两种代替医疗保险的医疗互助组织，分别为蓝领和白领工人提供医疗帮助。各疾病基金会分别组成联邦和州疾病基金联合会，负责同医院和医师协会协商，确定收费标准、服务范围等事项。其原则是维护投保人的权利，具体方法是由投保人选出代表参加基金会，讨论制定疾病基金会章程，确定保险费率，选举负责基金会日常工作的常务委员会等。

挪威的政府全球养老金（Government Pension Fund Global, GPFG）即使在欧美发达国家也独树一帜。1969 年圣诞节前，挪威北海发现了石油，这对于欧洲面积第六、当时人口不足

400 万人（最新数据是 490 万人）的挪威来说被称为"上帝的礼物"，目前挪威成为全球第四大石油输出国。但挪威人并没有挥霍石油财富，而是成立了政府全球养老金，到 2011 年年底资产达 3.3 万亿克朗（约合人民币 3.6 万亿元）。根据 2005 年《政府养老金法》以及配套的基金管理条例、基金管理指引、房地产资产组合管理指引等规范性文件，政府养老金的监管处在完善的法律、法规体系之下，实行严格数量限制的监管模式，实现了投资组合的充分分散化，特别是 2007 年次贷危机以后，更是收紧了投资股权类的比例，投资策略的变化如下表：

表 3.1　挪威投资品种新旧策略对比

投资品种	旧策略（%）	新策略（%）
国 债	53	62
企业债	18	24
股 票	12	6
其他债券	17	8
合 计	100	100

资料来源：挪威政府全球养老金最新公布的 2011 年年度报告：http://www.regjeringen.no/pages/1957930/Annual_Report_2011.pdf. 以及官方网站发布的消息：http://www.regjeringen.no/en/dep/fin/Documents – and – publications/propositions – and – reports/Reports – to – the – Storting/2011 – 2012/meld – st – 17 – 20112012 – 2/2.html? id = 680517.

作为联合国"负责任投资者原则"的签署者之一，挪威政府全球养老金重视长远利益，投资过程中充分考虑被投资对象在履行环境责任（Environmental）、社会责任（Social）、自身公司治理（Corporate governance）三方面的因素。

除挪威之外，受 20 世纪 80 年代初完全基金制的智利模式的影响，在 20 世纪 80 年代至 90 年代，阿根廷、秘鲁、墨西哥、乌拉圭等拉美国家和波兰、匈牙利、捷克等东欧转型国家以更快的步伐建立起私营竞争性的社会保险制度，主要是组建养老保险基金管理公司，严格立法、严格规范、实施市场化的运作，呈现出远比欧美国家更快的发展趋势，成为这一时期国际社会保险备受关注的热点研究领域，并对带动和影响世界其他国家实施社会保险基金的私营化、市场化改革发挥了重要作用。拉美、东欧国家社会保险基金监管的一个基本特点是强调严格监控限制的分散管理模式，基金投资营运绩效在 20 世纪90 年代中期达到较高水平。与此同时，东南亚国家集中管理的公积金模式仍在继续发展。与欧美、拉美和东欧国家主张分散竞争性社会保险基金法律监管的发展路径不同，东南亚国家尤其是新加坡和马来西亚实施集中管理的公积金模式，强调政府在社会保险基金法律监管中的主导作用，运用社会保险基金投资于经济建设的投资策略，运用社会保险基金在促进经济发展和实现社会政策的双重目标方面，取得了举世关注的绩效，呈现出与其他众多国家有明显差异的社会保险基金管理轨迹。尽管近年来受经济全球化的影响，新加坡等东南亚国家放松了基金的投资限额，但仍继续坚持相对集中的集金监管模式，对于其他国家的社会保险基金法律监管产生了重要的影响作用。

三、我国香港特别行政区强积金立法及监管

香港是亚洲老龄化最严重的地区之一，面对日益严峻的老龄化问题，香港政府不得不重视。2010 年，65 岁以上的人口占总人口约 13%，但预计到 2039 年会攀升至 28%，主要是因为出生率低和预期寿命较长所致。香港人的预期寿命远较全球平均数长，女性的平均寿命超过 86 岁，男性则约为 80 岁。现时 1 名 65 岁或以上的长者约由 6 名就业成人供养，到 2039

年，大约 2 名就业成人就要供养 1 名 65 岁或以上的长者。人口老龄化显示日后的就业人口须为更多的退休人士承担生活开支。[1] 而在另一份由联合国人口小组于 1999 年 9 月发表的全球评估报告估计，到 2050 年，香港 60 岁以上人口将高达 269 万，占总人口的 40%，比日本和中国内地更为严重，为世界第五个人口老龄化十分严重的地区。[2]

　　面对老龄化社会的到来，老年人退休后所产生的生活和医疗保障等问题，已经不只是在职人士的个人问题，而是整个社会的问题。在香港 300 多万劳动人口中，20 世纪 90 年代中期仅有 1/3 获得了一定程度的退休保障，因此，如何协助就业人士未雨绸缪，及早为退休后的生活做好准备已刻不容缓。1988 年，中华巴士公司出现了员工的退休金计划资金不够发放，劳资谈判破裂导致司机罢驶，造成全港交通大瘫痪，[3] 再加上其他类似事件，促使 1992 年 12 月 31 日港府通过了《职业退休计划条例》（Occupational Retirement Schemes Ordinance）。该条例于 1993 年 10 月 15 日开始生效，目的是通过一套注册制度来监管所有由雇主自愿设立的职业退休计划，以确保这些计划能妥善运作，并促使雇主有足够的能力履行承诺，支付参与计划雇员的退休利益。

　　在上述雇主自愿职业退休计划的基础上，1995 年 4 月，香港完成了强制性公积金的可行性研究报告，1995 年 7 月 27

---

〔1〕　相关内容主要参见香港强制性公积金计划管理局的官方网站中"背景"部分：http://sc. mpfa. org. hk/gb/www. mpfa. org. hk/tc_ chi/abt_ mpfs/abt_ mpfs_ bgd/abt_ mpfs_ bgd. html.

〔2〕　易宪容等：《香港强积金》，社会科学文献出版社 2004 年版，第 73 页。

〔3〕　详细内容参见维基百科"中华汽车有限公司"词条：http://zh. wikipedia. org/wiki/% E4% B8% AD% E8% 8F% AF% E6% B1% BD% E8% BB% 8A% E6% 9C% 89% E9% 99% 90% E5% 85% AC% E5% 8F% B8.

日《强制性公积金计划条例》的主体法例在香港立法局获得通过，并于同年生效。1998年4月1日，相关附属规例通过。香港特区政府在1998年9月成立了强制性公积金制度计划管理局（Mandatory Provident Fund Schemes Authority），其主要职能有：执行《强积金条例》及附属规例；为合格的强积金计划注册；批准强积金计划内的投资基金；监管强积金计划及投资基金事宜，并就此制定规则和指引；批准受托人，并规管核准受托人的业务活动。立法在先、成立机构之后，香港强制性公积金计划在2000年全面开始运作。作为全港所有就业者的一种正式退休保障制度，香港强积金的目的是要帮助就业者累积资金安度晚年退休生活。香港强积金有如下特点：一是适用于所有就业（包括受雇和自雇）人士；二是强制性，即无论个人同意与否，在条例规定范围内，没有获得豁免者都必须参加计划；三是在最低供款额之上，雇主与计划参与者均可按需要自行增加供款数额；四是计划之中的强积金都以信托形式安排，由一独立受托人托管公积金的资产；五是公积金本身的营运由私人机构安排负责，政府只负责监管而不直接参与营运，也不提供任何形式的担保。[1]

香港积金局成立之后，随即加快展开落实推行强积金制度的工作，除了制定指引要求业界遵守外，于1999年6月24日与证券及期货事务监察委员会（Securities and Futures Commission, SFC）签订协议备忘录，就规管强积金产品做出监管分工：积金局主要负责批核强积金受托人及产品，以确保强积金法例的执行。而证监会方面则负责审批强积金产品的销售文件及推广资料，并核准投资经理及其操守。至此，自2000年12

---

〔1〕 本部分相关内容主要参见香港强制性公积金计划管理局的官方网站中"法例与规例"部分：http://www.mpfa.org.hk/tc_chi/leg_reg/leg_reg.html.

月起全部雇主与雇员均须按规定供款，香港强积金制度正式建立。

强积金制度的供款分为一般雇员及雇主供款、临时雇员供款及自雇人员供款。一般雇员是指年龄介于 18 岁至 64 岁而受聘满 60 日或以上的全职和兼职雇员，这类雇员及其雇主均须就雇员的入息（即所有收入，包括工资、奖金、酬金等，但不包含遣散费及长期服务金）为基准，各自强制性供款（mandatory contribution）5%，合计 10%。供款金额设定了上下限：如果雇员每月入息低于港币 4000 元（下限），雇员可免除强制性供款责任，但仍可选择自愿供款（voluntary contribution）；至于雇主则仍然要强制性供款 5%。入息供款的上限为港币 20 000 元，入息超过上限部分免于供款。最新调整的下限是 6500 元，于 2011 年 11 月 1 日起生效；上限提高到 25 000 元，于 2012 年 6 月 1 日起生效。[1]

临时雇员是指雇佣工作时间低于 60 天的雇员，可不予供款。自雇人士的入息计划与《税务条例》内自雇人士应纳税后利润（assessable profits）计算相同，按照其入息的 5% 供款。入息证明将以税务局发出最近期的纳税通知书（notice of assessment）为准，按所属年度比例调整。自雇人士如果不能出示最近期的纳税通知书，则该年度的有关入息将视为与上一课税年度应纳税利润相同。如果有亏损的话，自雇人士可通知受托人停止供款，直至其入息高于最低水平（即目前每月 6500 元）为止。如果自雇人士是合伙人身份，则他必须将在该期间合伙业务所赚得的利润，按所占比例计算其有关入息。

---

〔1〕　本部分相关内容主要参见香港强制性公积金计划管理局的官方网站中"新闻稿"部分：http://sc. mpfa. org. hk/gb/www. mpfa. org. hk/tc_ chi/quicklinks/ quicklinks_ ri/quicklinks_ ri. html.

自雇人士可选择按月或按年供款，按月供款者只需将按年计算的入息除以 12，便可得出每月的平均入息来计算供款额。无论是按月或按年供款，自雇人士必须通知所参与的强积金计划的受托人：按年或按月供款的选择，以及确定哪一天为供款日；在强积金计划每个财政年度结束前至少 30 天，通知关于计划下一个财政年度按年或按月供款的选择。

由于自雇者无雇主供款，一些雇主钻空子把自身雇员转变为"自雇者"。积金局公布的案例中就有这样的案例：一名货柜车司机一直受聘于中港运输公司，后该公司要求司机签订承租及出租货柜车协议书，列明双方没有雇佣关系，这样司机作为自雇人士，公司无须为其供款。司机向积金局投诉，积金局在掌握了充分证据后，检控雇主未为司机登记参加强积金计划，雇主最终在法院承认有关控罪，被裁定罪名成立，罚款共1.4 万港币。[1] 由此可见，积金局在维护普通雇员权益、防范强积金欺诈方面是非常高效的。

目前，经过短短十多年的发展，强积金的覆盖面快速扩大：自强积金制度推行以来，现时约有 85% 的总就业人口获强积金计划、职业退休计划、法定退休金或公积金（例如为公务员或公立学校教师而设的计划）保障，仅有 3% 应参保而未参保者。参保情况见后图。

强积金的缴费对个人和公司的经营成本影响较小，根据积金局的测算，强积金占中小企业整体经营成本 1% 左右，而从业人员积累下来的养老金将来能否安享晚年，则视每个人缴费多寡、投资回报高低等多方面因素的影响。要想高生活质量，

---

〔1〕 本部分案例内容参见香港强制性公积金计划管理局的官方网站中"检控个案实录"部分：http://sc. mpfa. org. hk/gb/www. mpfa. org. hk/tc_ chi/enforc/enforc_ lc/enforc_ lc. html.

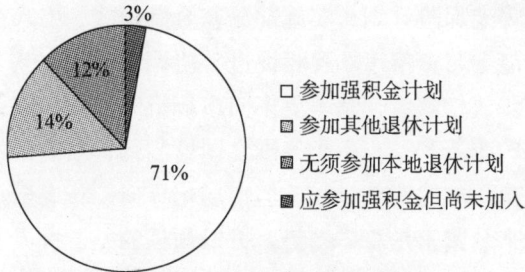

图 3.2　香港参保情况一览

资料来源：香港强制性公积金计划管理局的官方网站中
"背景" 部分：http://sc.mpfa.org.hk/gb/www.mpfa.org.hk/
tc_chi/abt_mpfs/abt_mpfs_bgd/abt_mpfs_bgd.html.

还必须积极参加商业保险和个人储蓄计划。为了推行强积金计划，政府规定除了获得豁免的单位之外，所有的单位都必须强制参加，如雇主不安排雇员参加则属违法，法律的强制性确保了加入强积金计划的成员能够进入"安全网"。

综上所述，香港强积金制度体现了公平性（equitable）的特点。凡就业人士都必须参与强积金计划，为自己的未来生活保障供款，而所获保障与其供款额成正比，供款越多，则保障越大。这可鼓励计划成员自愿增加供款数目，符合成本效益（cost-effective）的原则，即整个强积金计划运作都由私人来营运，以市场法则为依归，从而使得其资源能够有效运作。香港自由市场体系使得整个强积金计划的运作成本与收益完全归结于个人项上，从而免去了政府的财政负担。而发达的资本市场及健全的法律体系既可能保证计划成员收益的增长及政府的严谨监管，也可为计划成员提供相当稳健的保障。

由上述国家和地区的养老金监管立法经验可以看出，20世纪 90 年代以来，欧美发达国家和部分发展中国家社保基金法律监管向市场化发展，通过构建多层次社会保险制度，鼓励发展补充养老保险计划，实施部分基金制模式，引入个人账户机制，养老金与资本市场互相促进，协调发展。在基金监管领域通过逐步放松政府管制，更多向市场机制回归，致力于向市场化方向的改革调整。由于各国之国情制约，在向市场化的发展中呈现出不同的调节步伐，但市场化导向、养老金与资本市场结合越来越紧密是总体趋势。可以预见的是，世界上多数正在进行社会保障制度改革的国家，其社保基金市场化的发展趋势仍会继续发展，如何完善养老金监管的法律体系，也将是一个全球性的热点。

第四章

中国养老金监管立法的现状

上一章英国、美国、日本及我国香港地区养老金监管立法的经验教训对我国有一定借鉴意义。从法制史的角度来看，很多法律、法规都是在司法实践中发现问题之后为了堵塞漏洞而设立的，如前述英国麦克斯维尔事件之后的《1995 年养老金法案》，美国安然公司丑闻之后的《塞班斯法案》等。近年来，社会保险基金案件频发，反映出我国现行社会保险基金在征收、运营及监管等环节上存在的漏洞，同时也反映出当前社会保险基金监管制度设计上的明显缺陷，需要在《社会保险法》的基础上，国务院尽快出台《社会保险基金监督管理条例》。

第一节　养老金监管立法调研中的突出问题

一、社会保险基金监督管理体制亟待改进

我国目前的社会保障制度建立的依据主要是 1997 年的《国务院关于建立统一的企业职工基本养老保险制度的决定》（第 26 号文件）。应当说，该文件颁布之后中国的社会保障制度开始逐步走上法制化、规范化、制度化的道路，十几年来取得的成就有目共睹：1997 年养老保险参保职工仅 8671 万人，养老保险基金缴费仅 1338 亿元，到 2011 年分别达到 28 391 万

人和 16 895 亿元,[1] 14 年间分别增长了 3.27 倍、12.6 倍。这样的增长速度在全世界都是罕见的。但成绩掩盖不了存在的问题,我们调研的目的主要就是希望能够发现实际存在的问题,为未来的立法服务。其中社会保险基金监督管理体制的改革是重点。

(一) 社保基金监督管理体制缺乏独立性

我国现行的社会保险基金监督和管理体制名义上分工很明确:中央、省级、市级、区县级人力资源和社会保障部门作为政府监督机构负责本级的社会保险基金监督工作,其工作人员属于公务员序列;中央、省级均有社会保险经办机构(名称有社会保险中心、社会保险局、养老保险局等),其主要工作是指导、监督下级社会保险经办机构,市级、区县级社会保险经办机构则负责具体事务,如基金的征缴、管理和发放,其工作人员属于事业单位序列。但实际上这样的分工使得监管工作很难落到实处,很容易蜕变成为社会保障部门的"自我监管"。往往本级政府人力资源和社会保障部门领导班子中的一个重要副职,兼任同级社会保险经办机构正职,这样使得政府部门内负责基金监督的部门主要领导往往比社会保险经办机构的主要领导的行政级别要低。由于中国独特的官本位体制,同在一个"社会保障系统"内工作,甚至政府部门的副职领导同时分管基金监督工作,这样实质上的"下级"更难监督"上级"的决策,使得社会保险基金的监管体制很难做到"独立监督"。而监督的独立性是政府公共事务中一个最基本的常识,中国的金融系统中银行、证券、保险三大独立监管机构就不存在和所在地政府交叉任职的情况。

---

〔1〕 数据参见人力资源和社会保障部(原劳动和社会保障部)、国家统计局历年公布的统计公报。

　　社会保险基金监督的最主要对象之一就是社会保险经办机构，如果被监督对象的主官同时在政府内分管基金监督工作，一个人如何担任好两个完全不同的角色？除非他是极其出色的演员。于是，"既是运动员又是裁判员"、"左手管右手"等让社保基金监管者很尴尬的形象描述实际上是中国当前社会保险基金监督管理工作的真实写照。由于政府社会保险基金监督部门人手有限，特别是缺乏审计、会计等专业人员，对被监督对象的监督往往流于形式，只能通过运动式的"专项治理"来解决，在日常工作中把基金的监督"授权"给了社会保险经办机构（详见河北省调研报告）。在我们的调研中，不少省份都是采取这样无奈的"授权监督"模式。如果新的社保基金监管立法不从监督管理体制上进行重大突破，在体制设计上没有任何创新，很难做到对社会保险基金监督工作过程中的严格规范和风险控制，"授权监督"模式还将继续存在。这是众多社保案件所暴露出来的重要问题，也是我国现行社会保险基金监督管理体制存在的重大制度性缺陷。

（二）监督体制中"五龙治水"

　　目前具备法律效力的规范社会保险基金运作的三个主要文件分别是：1999年7月1日发布实施的《社会保险基金财务制度》、2001年12月发布实施的《全国社会保险基金投资管理暂行办法》和2004年5月1日公布实施的《企业年金基金管理试行办法》。除此之外，还包括以下部门规章和政府文件：《关于贯彻落实国务院常务会议精神加强社会保险基金监管有关问题的通知》、《关于企业年金基金银行账户管理等有关问题的通知》、《关于转发驻部纪检组监察局关于进一步加强社会保险基金监管严肃基金纪律的意见的通知》、《关于进一步加强社会保险基金管理监督工作的通知》、《劳动和社会保障部关于开展社会保险基金非现场监督工作的通知》、《企业年金基金管理机构资格认定暂行办法》、《关于企业年金基金证券投资有关问题的通知》、《中纪委驻劳动和社会保障部纪检组、监察部驻劳动和社会保障部监察局关于进一步加强对社会保险基金管理情况监督检查的通知》、《劳动和社会保障部办公厅关于配合审计部门开展养老保险基金审计检查的通知》、《劳动和社会保障部办公厅关于贯彻实施社会保险基金行政监督办法和社会保险基金监督举报工作管理办法有关问题的通知》、《关于进一步做好社会保险费征缴和清欠工作的通知》、《关于认真做好公布社会保险费征缴情况工作的通知》等。

从这些文件可以看出，社会保险基金的监管可以说是政令频出，涉及的诸多部门包括：原劳动和社会保障部、财政部、中国人民银行、国家外汇管理局、国家审计署、中纪委和监察部等。从内容来说，有些已经不合时宜，如对社会保险基金投资的限制，已经不能保障基金的保值增值，但在新法规出台之前，还必须遵守旧的法规。法规制定时的情况和目前现实情况差别巨大，要求必须及时修法。"三个和尚没水吃"的寓言告诉我们：多头监管实际上就是无人监管，应该把"五龙治水"的情况改变为独立监管，才能从根本上解决社会保险基金监管的问题。因此，未来的社会保险基金监督管理机构的定位必须明确。

在目前中国的行政管理体制之下，有两个监督管理模式可供借鉴：一是银监会、证监会、保监会那样的独立监督管理机构模式。国务院可以新成立社会保险基金监督管理机构，根据履行职责的需要设立派出机构，全国实行统一领导和管理，目前美国联邦社保基金监督管理体制就是类似这样的模式。二是目前国土资源部及其国家土地督察模式，国务院授权人力资源和社会保障部代表国务院对各地方政府社会保险基金运行情况实施督察。这两种监督管理模式都可以保持监督管理的相对独立性，解决目前被诟病的"左手管右手"状况。但未来监督管理模式的选择是一个多方利益博弈的过程，现有的监督管理体制的弊端大家都看的很清楚，但如何改革需要中央最终的决策，属于政府管理体制改革的一项重要内容。

二、社会保险基金社会监督亟待加强

2006年11月国家审计署发布的公告指出，全国除上海外还有逾71亿社会保险基金涉嫌违规操作。时隔6年之后的2012年8月，国家审计署公布的审计结果显示：部分地区扩大范围支出或违规运营社会保障资金共17.39亿元；部分经办机构审核不严格，向不符合条件的人员发放待遇或报销费用共18.52亿元；部分单位和个人违规牟取不正当利益；资金管理不够规范，394.05亿元社会保障资金存在会计记账和核算错误；13个省本级、96个市本级和392个县427.37亿元社会保障资金未纳入财政专户管理。[1]

这些触目惊心的案例充分说明：地方社会保险经办机构集社会保险基金的行政管理与投资运营于一身，再加上前述的"授权监督"模式，社保基金监管实际上很容易"左手管右手"。一些地方社会保险经办机构在社会保险基金的缴、支、管等环节均存在比较严重的弄虚作假和欺诈现象，例如宁夏石嘴山市医保中心主任和财务科长自2004年起采取截留未到期

---

〔1〕　参见国家审计署于2012年8月2日发布的公告：《全国社会保障资金审计结果》2012年第34号（总第141号），载中央政府网站：http://www.gov.cn/zwgk/2012-08/02/content_2196871.htm.

银行承兑汇票的手法，将某企业缴纳的 19 张、面值 3233.556 万元的医疗保险费转移到其亲属名下进行房地产、煤矿、夜总会等投资经营和个人挥霍，就是非常突出的一个案例。[1] 经办机构的自我监管和"授权监督"在这里不仅仅"虚位"，甚至出现该单位财务科长监守自盗的情况。

除了行政监督外，社会监督本来也应该是社会保险基金监管体系的一个重要组成部分，但在现行体制下，地方的财政、税务、银行和审计等多个部门都参与社会保险基金管理，实际操作往往造成"五龙治水"，到处"跑水"，实质上也就没有了监管。社会公众和新闻媒体无从得知基金的筹集与运用状况，这就为地方、部门或个别人挤占挪用社会保险基金提供了便利。例如宁夏石嘴山市的医保参保人员在案件公开之后才恍然大悟地告诉媒体：怪不得医疗费报销不了，原来都已经被挪用了！因此，必须要求社会保险经办机构定期向社会公众公布资金的筹集和运用情况，充分发挥社会公众和新闻媒体对社会保险基金管理的监督作用，杜绝暗箱操作。

社会保险基金是特殊资金，与每个社会保险受益人的利益息息相关，如果社会上有无数双眼睛盯着这些基金，基金被挤占、挪用、贪污、欺诈的可能性就会小很多。但实际上由于受益人的范围太广，一个普通的社会保险受益人个人出面去对社会保险基金进行监督的成本会远远小于其所得的收益，因此社会公众的理性选择就是"搭便车"，结果造成社会监督的缺失，此时整体社会成本最低的办法就是由社会保险基金管理人

---

[1] 参见宗时风："老百姓的保命钱岂能挪用"，载《宁夏日报》2008 年 2 月 2 日，第 2 版。吴忠市中级人民法院一审以挪用公款罪判处原石嘴山市医保中心主任徐福新、原石嘴山市医保中心财务科长李斌、原石嘴山瑞祥达房地产开发公司董事长徐福宁（徐福新之弟）3 人无期徒刑。

定期公布其经第三方独立审计的财务报表，向基金受益人公开信息。目前信息公开、政务透明已经成为中国依法行政的最基本要求，也是社会保险基金社会化监督的必由之路。此外，西方新闻媒体"报忧不报喜"的特性使得他们可以成为社会监督的敏锐眼睛，中国这方面还有很长的路要走，但社会监督的大方向是正确的。

三、社会保险基金管理缺乏内控机制

从河南省濮阳市劳动保障局以减免企业应缴 870 多万元养老保险费为代价换取 6 辆轿车使用权、黑龙江省阿城市社保局将 918 万元借给企业用作流动资金和担保利息这两起案件分析，社会保险基金的管理漏洞很多出现在征收环节。我国现行社会保险金实行缴费制而非征税制，这给征收部门提供了与企业做交易的机会，以不征收或征收来的基金不入财政专户的方式来牟取部门或个人私利。社会保险基金被挪用多发生在这个环节，前述宁夏石嘴山的案例就是一个典型。另外，由于一些地区社会保险基金入不敷出，需要中央财政的转移支付，有些地方政府采取违规手段，通过编造退休职工的花名册等方式骗取中央补贴，用于填补社会保险基金的缺口或是干脆挪作他用。

社会保险基金是老百姓的"保命钱"，理应规范地管理和运作，而我们在调研中发现，社会保险基金在管理上并不规范，如养老保险基金未按规定实行专户管理；社会保险基金未按规定及时缴存财政专户；一些社保经办机构内控机制不健全，执行不到位，存在不按规定设置账簿、票据管理不规范、私存私放公款等问题。这些都在一定程度上反映出社会保险基金在管理上的疏漏之处。

2012 年国家审计署的审计结果也充分说明内控机制的重要性。审计中发现：经办机构审核不严格，向不符合条件的人员发放待遇或报销费用共 18.52 亿元。其中：21 个省本级、165 个市本级和 748 个县向不符合条件的人员发放社会保险待遇或报销费用 4.18 亿元；8 个省本级、178 个市本级和 1899 个县向不符合条件人员发放最低生活保障待遇累计 323.06 万人次、13.82 亿元；2 个省本级、26 个市本级和 409 个县 2.21 万人重复享受城市和农村最低生活保障 5205.64 万元；抽查的 8101 个村（居）委会中，719 个村（居）委会未按规定程序审批低保对象，210 个村（居）委会存在干部人为确定低保对象的情况。有 4 家药品经销企业通过虚开增值税发票 6.76 亿元，虚增药品成本牟取非法利益；6 个省本级、75 个市本级和 226 个县的医疗机构等单位通过虚假发票、虚假病例、挂床住院、滥开药物、虚报人数等手段套取医保资金 2.87 亿元；部分医疗机构采取违规加价等方式乱收费 1.94 亿元；有些部门工作人员采取隐瞒人员死亡信息、涂改原始发票、伪造进账单、提供虚假资料等手段骗取养老金、最低生活保障资金等社会保障资金 4419.83 万元。本次审计查出违法违纪案件线索 132 起，涉及 300 多人，[1] 由此可见，内控不严格所造成的损失之巨大。

相对于社保基金监管内控机制的缺乏，金融业的内控制度可以借鉴。中国银监会 2007 年颁布的《商业银行内部控制指引》要求商业银行在内部控制方面贯彻全面、审慎、有效、独立的原则，使得内部控制渗透到商业银行的各项业务过程和

---

〔1〕 参见国家审计署于 2012 年 8 月 2 日发布的公告：《全国社会保障资金审计结果》2012 年第 34 号（总第 141 号），载中央政府网站：http://www.gov.cn/zwgk/2012 - 08/02/content_ 2196871. htm.

各个操作环节，任何决策或操作均有案可查。内部控制应当以防范风险、审慎经营为出发点，体现"内控优先"的要求。内部控制应当具有高度的权威性，任何人不得拥有不受内部控制约束的权力，内部控制的监督、评价部门独立于内部控制的建设、执行部门，有直接报告的渠道。如果能够借鉴商业银行这样的金融机构内部控制制度建设的经验，未来社会保险基金监督管理的内部控制法规、规章、规范性文件可望真正加强经办机构的内部控制，防患于未然，因为蛀虫往往是从内部开始侵蚀的，而内控机制就是遏制蛀虫的"内部防护网"。

四、社会保险基金投资无法保值增值

我国已经建立了"社会统筹与个人账户相结合"的基本养老保险制度，社会统筹主要解决横向的社会公平问题，个人账户养老金则主要解决纵向的效率问题。城市化把众多原来的农民推向城市，而社会保障制度的缺失使得城市并未为他们准备好养老金，中国特有的独生子女政策和人口的迅速老龄化，未来中国的养老将面临巨大挑战。正是由于养老金的重要性，《社会保险法》设专门的第八章"社会保险基金"，其中第69条第1款规定："社会保险基金在保证安全的前提下，按照国务院规定投资运营实现保值增值"。在目前《社会保险法》的实施中，社会各界最关心的就是如何"投资运营"以实现该法条中的"保值增值"：老百姓希望自己未来的养老金能够保值增值，从而能够安享晚年；股民、基金经理则十分关心养老金何时能够入市，给资本市场输送源源不断的新鲜血液。但由于《社会保险法》只是一个原则性规定，不具可操作性，几乎所有人都翘首企盼投资运营的"国务院规定"。

根据人保部发言人公布，到2011年底，我国养老保险累计结余1.92万亿元。根据近几年基金结余以20%左右速度增加来推算，越来越庞大的养老金如何实现保值增值成为难题。特别是养老保险个人账户会伴随劳动者一生，缴纳的持续时间可能长达30~40年，其保值增值的需求更为突出。《社会保险法》第14条规定：养老保险个人账户记账利率不得低于银行定期存款利率。个人账户养老金如果只是拿到了银行存款利率而不能增值的话，何必要交到政府手上呢？目前中国资本市场已经成长为世界第三大市场，但股市并未成为高速发展的中国经济的晴雨表，很多人因此而认为养老金入市是"羊入虎口"，如何防范养老金入市的风险是所有人必须慎重考虑的核心问题。

1996年4月12日，国务院办公厅颁发的《关于一些地区挤占挪用社会保险基金等问题的通报》明文规定："社会保险基金结余主要用于购买国家债券，购买国家债券后仍有结余的应按规定存入银行账户，不得用于其他任何形式的投资。"在此之前，《国务院关于深化企业职工养老保险制度改革的通知》和财政部、劳动部《关于加强企业职工社会保险基金投资管理的暂行规定》也都曾作出类似的规定。这样一个十几年不变的投资规定，使得社会保险基金既难以保值又难以操作，任由地方政府自行变通与解决，是社保资金违规的一个潜在风险。社会保险基金一方面要保值，另一方面要增值，其矛盾性就给一些社会保险基金管理部门和决策者带来了压力和投资的冲动。于是一些人就选择暗箱操作，问题随之而来。上海社会保险基金案、广州社会保险基金案及其他地方的社会保险基金案可以看出，很多地方的社会保险基金都流向了房地产和股市等高风险领域。比如上海社会保险基金案中最大的一笔是借给私人用于购买沪杭高速公路的股权，还有一些投资到股票、房地产，而广州社会保险基金被挪用的十多亿元中86%都投在了房地产业。如果国家在堵住社会保险基金违规投资的同时，能够为社会保险基金增加合法投资渠道，来确保社会保险基金投资安全、高效的话，也许类似的上海社会保险基金案和广州社会保险基金案就有望减少或者消失。

社保基金保值增值问题研究的一个可以借鉴的例子是中国的金融业。截至2011年底，商业银行体系的百万亿资产有《人民银行法》、《商业银行法》、《银行业监督管理法》三部法律进行规范和监管，[1]证券公司自有资产和基金业所管理资产约5万亿，有《证券法》、《证券投资基金法》保驾护航，[2]保险业约5万亿的资产有《保险法》来监管，[3]当然还有上千部金融业的法规、规章和规范性文件与上述法律一起为金融业"保驾护航"。而"大社保"概念下的社保基金总额已经超过了3万亿元，如此规模巨大的资金有哪部法律进行监管呢？

中国自2007年开始正式进入立法程序的《社会保险法》曾被寄予厚望，但在2010年10月28日通过的该法第69条只是笼统的规定"按照国务院规定投资运营实现保值增值"。目前来看，具体的"国务院规定"付之阙如。购买国债是地方社保机构的最大愿望，而财政部除了2002年发行主要针对全国社保基金理事会和社保改革试点辽宁省的特种国债之后再无下文。单就2009年来看，全国社保基金实现收益率16.1%，企业年金收益率为7.78%，养老保险个人账户基金虽然大量积累，但投资管理办法仍然在"内部讨论"之中，投资收益

---

〔1〕　数据、法律参见中国银监会网站：http://www.cbrc.gov.cn.
〔2〕　数据、法律参见中国证监会网站：http://www.csrc.gov.cn.
〔3〕　数据、法律参见中国保监会网站：http://www.circ.gov.cn.

率不到2%。[1]庞大的投资需求与狭窄的投资渠道形成巨大反差，一方面无法律保障，另一方面又缺乏财政部门（发债机构）和社保部门（购债机构）之间的协调机制，造成目前庞大的社会保险结余被通货膨胀所吞噬。

由此可见，我国庞大的社保基金面临着保值增值的挑战，核心原因是法律法规的缺失和制度的不完善。薄弱的监管体制、缺失的监管法律法规之间形成极大的反差，拷问着我国的社保基金法律监管体系：谁来确保其保值增值？如何确保其保值增值？这的确是政府、法学界、经济学界和社会保险相关的社会各界都必须去面对的重要问题。

第二节　《社会保险法》未解决的主要问题

《社会保险法》是根本大法，然而相对于120万字的《美国社会保障法案》，只有区区一万字，可操作性比较差。同时，在2011年7月1日《社会保险法》正式实施之前，对社会保险领域的规制也不可能无法可依，在实际工作中，只能通过国务院、人力资源和社会保障部（原劳动保障部）颁布的一系列文件来规范。由于《社会保险法》的框架性特点，未解决的问题很多。

一、已经颁布的相关法规仍然存在的漏洞

在《社会保险法》之前国家颁布的一系列社会保险领域的法规、规章和规范性文件，包括：《国务院关于建立统一的企业职工基本养老保险制度的决定》、《国务院关于深化企业

---

[1]　参见孙珂："养老金收益跑输 CPI 社保基金加码股市"，载《21 世纪经济报道》2010 年 7 月 14 日。

职工养老保险制度改革的通知》、《国务院关于企业职工养老保险制度改革的决定》、《国务院批转劳动和社会保障事业发展"十一五"规划纲要的通知》、《国务院关于同意黑龙江省完善城镇社会保障体系试点实施方案的批复》、《国务院关于同意吉林省完善城镇社会保障体系试点实施方案的批复》、《国务院批转劳动保障部等部门关于辽宁省完善城镇社会保障体系试点情况报告的通知》、《关于同意辽宁省完善城镇社会保障体系试点实施方案的批复》、《减持国有股筹集社会保障资金管理暂行办法》、《关于印发完善城镇社会保障体系试点方案的通知》、《关于印发完善城镇社会保障体系试点方案的通知》等。

　　从这些国务院文件可以看出，主要是"通知"、"办法"、"决定"、"批复"等，社会保障制度还没有上升到法律层面，效力低下，难以适应中国社会、经济和社会保障实践的发展。特别是这些政府文件中的惩戒条款大都非常原则，无法对应《刑法》中的相应条款。由于社会保险基金监管的法律制度不健全、执法不力、处罚力度不够，严重削弱了法律的约束力和威慑力，突出表现为相应法律法规空白，财务管理薄弱、随意提高或者降低征收比例、账目混乱、违规投资，对财政、审计部门的违法、违规行为处罚力度不够，造成了社会保险基金的重大损失。同时，基金管理透明度低，信息披露制度不健全，基金监管分散无序、各个部门关系还没有理顺。

　　一个突出的案例就是前述的宁夏石嘴山市医保基金挪用案。被告的辩护人提出医保资金不属救济款物，希望以普通的挪用公款罪予以轻判，而异地审理的吴忠市中级人民法院认为，医保资金系参保公民生命、健康安全的直接保障，当属具有紧急救助性质的救济款项，被告人共同挪用救济性公款归个人进行营利活动，数额巨大且不退还，其行为已构成挪用公款罪。该案的主审法官最终认定医保资金是"具有紧急救助性质的救济款项"，符合《刑法》中从重的要件，因此一审以"挪用公款罪"判处 3 名主要被告无期徒刑，最终宁夏回族自治区高级人民法院的终审判决也是维持原判。如果在石嘴山医保中心财务科长和中心主任挪用之前，刑法就已经有相应条款的明确规定，他们能够了解挪用的严重法律后果，预见到可能的惩罚，是否还敢于以身试法呢？由此可见，法律的缺失实际上诱发甚至鼓励了侵蚀社会保险基金的犯罪行为，值得法学界尤其是刑法学界深思。

2011 年 7 月 1 日开始实施的《社会保险法》被寄予厚望，因为这是社会保险基金监督管理领域仅次于宪法的法律，所有与社会保险有关的政府部门、单位和个人都必须遵守，而不仅仅是人力资源和社会保障部门一家的法律。《社会保险法》既然是社保制度之基本大法，就应尽量协调各方利益主体，最大限度地避免表述的模糊，尽可能减少本条款类似的授权性条款。二审稿的十几处授权国务院的条款在三审稿中只剩五处，应当说是一个很大的进步。但在最终通过的法律中，授权条款又增加到 12 处。存在这些授权性条款的主要原因在于中国幅员广大，靠一部《社会保险法》难以毕其功于一役，需要国务院颁布配套的《社会保险基金监督管理条例》、《企业年金条例》等行政法规，以人力资源和社会保障部作为政府社会保险主管部门颁布《社会保险基金反欺诈管理办法》、《养老保险个人账户基金投资管理办法》等来构建相对完善的社会保险基金监督管理法律体系。

二、社会保险费征缴体系中的问题

社会保险费征缴是形成社会保险基金的入口，如果入口不畅，此后的基金管理、社会保险费发放都会出现"巧妇难为无米之炊"的尴尬。目前中国一个最突出的问题就是社会保险经办机构和财政税务部门之间关于征缴问题的长期博弈。《社会保险法》第七章"社会保险费征缴"的第 59 条规定："社会保险费实行统一征收，实施步骤和具体办法由国务院规定"。

实际上，在《社会保险法》中留下这样一个"尾巴"实属无奈之举。早在 20 世纪的朱镕基总理时代，关于社会保险费征缴的问题在高层就一直无法达成一致意见，不得不在 1999 年的《社会保险费征缴暂行条例》第 6 条中规定："社会保险费的征收机构由省、自治区、直辖市人民政府规定，可以由税务机关征收，也可以由劳动保障行政部门按照国务院规定设立的社会保险经办机构（以下简称社会保险经办机构）征收。"过了十多年，新世纪的《社会保险法》仍未解决此问题，最终的结果仍然是"实施步骤和具体办法由国务院规定"，估计本届政府无法解决了，即使在可以预见的将来，国务院规定仍然难以出台。

从世界范围来看，同样的社会保险费征缴工作在不同的地区分别由不同的机构征缴，是绝无仅有的现象，不同的国家或者由完全财政税务部门征缴，或者完全由社会保险经办机构征缴，中国这样在征缴环节的"一国两制"已经被诟病很多年，由此而带来的财政、税务部门和社会保险经办机构之间的推诿、扯皮也严重影响着基金的征缴效率，成为基金监督管理环节的一个顽疾：社会保险基金监督机构如何去监督在政府序列里强势的税务部门的征缴工作呢？从长远来看，这个问题不解决，会越来越难以解决。当然，如果中央政府下决心，还是能够从根本上解决的。就如同前几年的公路养路费改为燃油税的改革，由于中央政府痛下决心，实现了十几万养路费征收人员的分流，最终还是解决了养路费改革的重大问题。将来不管是税务征收，还是社会保险经办机构征收，只要全国政令统一、机构统一，基金入口的征缴环节的监督管理体制将能够得到真正理顺，在征缴环节的"跑冒滴漏"现象会大量减少。

三、公务员和参公人员养老保险与企业双轨制问题

我国的绝大多数法律都没有规定其规范的对象，但无论从法理上，还是在具体的法条中都贯彻"法律面前人人平等"的理念，而《社会保险法》作为我国社会法领域的基本法律，却并未贯彻这一基本的立法理念，把此前"碎片化"的养老制度进一步固化了，例如《社会保险法》第 10 条就规定：公务员和参照公务员法管理的工作人员养老保险的办法由国务院规定。

改革公务员和参公管理人员养老保险制度的核心是和企业员工一样缴纳养老保险费。我国目前企业养老保险制度的核心是实行缴费义务与养老权利相对应，但公务员和参公人员群体一直在尽义务的范畴之外，退休后却领取着比一般人高得多的养老金，很容易引起普罗大众的诟病。如果公务员和参公人员养老保险制度越晚改革，阻力就会越大，造成各阶层之间的矛盾就越大。目前我国正在进行事业单位改革，国务院应当尽快制定出公务员和参照公务员法管理的工作人员养老保险办法，既保护公务员工作的积极性，也给普通企业劳动者一个交代。

公务员是我们这个社会正常运行的中坚力量，在任何一个国家都应当享受优厚的退休待遇，这也是为了保证社会的正常运行所必须付出的代价。以华人社会为主的新加坡和香港，"高薪养廉"机制和优渥的退休金使得它们的公务员体系成为

全球的样板。我国公务员和参公人员改革的重点应当放在弥补改革后待遇降低的部分，例如建立类似上一章介绍的美国加州公务员基金那样的"公务员年金"或"职业年金"，以确保现有退休待遇水平不降低。

　　当然，一般人都理解立法者的苦衷，很多国家也都经历了公务员逐步进入社会保障制度的情况，如美国 1935 年通过了《社会保障法案》，一直到 1983 年公务员才完全纳入该体系。我们希望中国的公务员社会保障制度改革不要经历如此漫长的时间，应当尽快制定公务员参保的"路线图"，以实现社保制度领域"法律面前人人平等"的理念。如何既保证公务员切身利益，使其在改革后养老待遇不降低，又能够兼顾社会公平，加快公务员和参公人员养老保险配套立法的步伐是唯一的选择。

四、社会保险待遇发放过程中的欺诈问题

　　作为社会保险基金的"出口"，社会保险待遇领取存在的欺诈现象在全世界都非常普遍，Levi 和 Burrows（2008）的研究发现，英国每年由于欺诈行为导致的损失，保守估计在 140 亿英镑以上。[1]在美国，医疗保险费用的大约 10% 是由于欺诈、浪费和疏忽而流失，每年高达 1150 亿美元。[2]在我们的调研中，所有的省份均存在着老年人去世之后养老金继续被冒领，医疗保险报销领域被医院、药店和个人联手欺诈冒领的问

---

〔1〕　Michael Levi & John Burrows, "Measuring the Impact of Fraud in the UK: A Conceptual and Empirical Journey", 3 *British Journal of Criminology* 2008, pp. 293 ~ 318.

〔2〕　David A. Hyman, "Health Care Fraud and Abuse: Market Change, Social Norms and the Trust 'Reposed in the Workmen'", 2 *The Journal of Legal Studies* 2001, pp. 531 ~ 567.

题，甚至还有专门注册公司骗取医保基金的案例，例如在重庆南岸区一家民营企业一共7个员工，其中有6个进行了肾透析，只有法定代表人没参保是正常人，进一步调查查明这6个人都是因为先得了肾病，再成立了公司，然后作为投保职工，第二个月开始享受医保，截至调查日已报销了411万的医药费。事发后，这几个人就申请注销了公司，虽然此案移交公安机关，但却面临无法界定诈骗的尴尬局面，司法定性出现困难。[1]

2012年国家审计署对社保基金的全国大审计中同样发现了大量欺诈行为：6个省本级、75个市本级和226个县的医疗机构等单位通过虚假发票、虚假病例、挂床住院、滥开药物、虚报人数等手段套取医保资金2.87亿元；部分医疗机构采取违规加价等方式乱收费1.94亿元；有些部门工作人员采取隐瞒人员死亡信息、涂改原始发票、伪造进账单、提供虚假资料等手段骗取养老金、最低生活保障资金等社会保障资金4419.83万元。全国19个省本级、226个市本级和1823个县社会保险经办机构尚未建立与工商、民政和公安等部门的信息沟通机制。审计抽查中发现，由于信息未能共享，社会保障部门未及时掌握保障对象死亡信息，向7.20万死亡人员发放养老金、低保金等1.75亿元。[2]

根据我国现有的法律，这些欺诈冒领行为已经违反了《民法通则》、《合同法》等相关法律。《民法通则》规定了以

〔1〕 胡继晔等：《社保基金监管立法调研报告（2008~2010）》，中国政法大学出版社2011年版，第164页。
〔2〕 参见国家审计署2012年8月2日发布的公告：《全国社会保障资金审计结果》2012年第34号（总第141号），载中央政府网站：http://www.gov.cn/zwgk/2012-08/02/content_2196871.htm.

欺诈手段订立的民事行为无效，这些欺诈手段包括"一方以欺诈、胁迫的手段或者乘人之危，使对方在违背真实意思的情况下所为的"；"恶意串通，损害国家、集体或者第三人利益的"等。我国最高人民法院对欺诈行为的司法解释是："一方当事人，故意告知对方虚假情况，或者故意隐瞒真实情况，诱使对方当事人作出错误意思表示的，可以认定为欺诈行为"。[1]至于不作为尤其是沉默的行为，不当然是欺诈行为，但若在法律上、交易习惯上或依诚信原则有告知事实的义务时而表示的沉默，则认为是"故意隐瞒真实情况"，如在养老金受益人去世之后，其亲属沉默并继续领取养老金的行为就可以认定是欺诈行为。

现在的《社会保险法》涉及了对社会保险待遇领取欺诈的规范，但还远远不够，主要原因在于处在社会保险待遇领取欺诈第一线的社会保险经办机构的定位不明确，面对欺诈几乎束手无策，只能向公安局报案。社会保险经办机构的主要职能是提供社会保险服务、负责社会保险登记、参保人员权益记录、社会保险待遇支付等工作，只能通过建立健全业务、财务、安全和风险管理制度来避免相对人的欺诈行为。现实中的社会保险经办机构作为社会保险业务具体操作的机构，属于事业单位。在发现欺诈行为时，由于自身没有执法权，只能根据《合同法》的规定，将一般的欺诈、胁迫规定为可变更或者可撤销的法律行为，[2]即经办机构作为受损害方只能请求人民

---

〔1〕　最高人民法院《关于贯彻执行〈中华人民共和国民法通则〉若干问题的意见（试行）》（1988 年 4 月 2 日颁布），第 68 条。

〔2〕《合同法》第 54 第 2 款规定：一方以欺诈、胁迫的手段或者乘人之危，使对方在违背真实意思的情况下订立的合同，受损害方有权请求人民法院或者仲裁机构变更或者撤销。

法院或者仲裁机构变更或者撤销。而政府自身不是管理者，如何建立权威、专业、公众参与的监督管理体制，对政府来说还是新鲜事物。法律的作用就是堵塞欺诈的漏洞，有针对性的监管立法势在必行，未来《社会保险反欺诈管理办法》的出台可望在一定程度上减少欺诈行为，但要更大范围内杜绝欺诈，还需要社会保险基金监督部门、社会保险经办机构和社会各界共同努力。

第三节　对各地社会保险基金监管的立法调研

　　针对上述问题以及已有的社会保险基金案例，为了使本课题更具现实意义和实践价值，从 2007 年暑假到 2010 年寒假，我们陆续组织了中国政法大学法和经济学研究中心的部分青年教师、硕士研究生分赴北京、黑龙江、辽宁、河北、山东、山西、河南、宁夏、四川、重庆、湖南、江苏、浙江、广东等省、自治区、直辖市，开展对这些省份的社会保险基金监管情况的立法调研。这些省份基本完成了省级统筹，在这些省份执行的主要政策依据分三个层次：国务院的行政法规及其各部委的有关法律、法规、规章和规范性文件，省、自治区、直辖市政府的规章和实施细则，以及省级劳动和社会保障厅（局）为贯彻部委条例和政府规章等而发布的通知等。以养老保险为例，在行政法规层次，以《国务院关于建立统一的企业职工基本养老保险制度的决定》（国发［1997］26 号）等文件为依据；在省、自治区、直辖市政府规章层次，也基本上都有了相关基本养老保险的规定。从调研情况来看，各省、自治区、直辖市已初步形成了以养老保险、失业保险、医疗保险、工伤保险、生育保险五个险种为主要内容的社会保险基金监管法规框架，特别是在 2006 年上海社保大案后全社会对社会保险基金监管高度关注的情况下，各地官员和公众对社会保险基金"高压线"的意识空前提高，为以后社会保险基金监督管理工作的加强打下了良好的基础。

在调研中，我们发现这些省、自治区、直辖市共同突出的问题是：社会保障覆盖面不够宽，能够享受社会保险基金的人群还仅占少数，社会保障覆盖全民还任重道远。调研中各地对医疗保险的意见都比较大，主要原因是医疗保险体制存在缺陷、医疗保险管理和使用中存在问题，即使是参加了城镇职工基本医疗保险制度和新型农村合作医疗制度，个人在看病报销中还存在一定的困难，医疗保险的作用没有完全体现，看病难、看病贵的问题一直没有得到很好解决。2006 年，我国卫生总费用占 GDP 的比重为 4.5%，但只覆盖了不到 30% 的人口，而且患者自付的比例相当高。相比之下，英国、新加坡、日本分别用相当于 GDP 的 8.4%、3.4% 和 7.9% 实现了广覆盖，甚至印度卫生费用占 GDP 的比例也为 4.9%，高于中国。[1]这些都需要在未来的医疗保险制度改革中加以解决。

由于政府、企业、个人对社会保障的认识和各种自身困难，社会保险基金欠缴、漏缴、拒缴情况参差不齐，有的地方还比较严重；由于投资限制条款，抑制了社会保险基金增值，降低了参保人的替代率，投资渠道不仅收益率低，而且不畅通，在操作上也是困难重重，没有制度保障，尤其在银行流动性过剩的情况下，优惠利率都保证不了；中央政府没有承担起社保制度变迁的转轨成本，存在"统账分离"后社会统筹部

---

〔1〕 相关各个国家卫生费用的数据，可参见 WHO 官方网站：http://www.who.int/countries/en/#C.

分侵蚀个人账户，从而造成个人账户"空账"的现象；与此同时，一些地方还存在社会保险基金挪用等情况。除了这些大致相同的不足之处外，各省、自治区、直辖市的社保体系和基金监管方面都有一些自己的特点。

一、东部发达地区

东部发达地区由于经济实力普遍比较强，社会保障水平也相对较高。参加调研的省份包括北京、山东、江苏、浙江、广东等地。

（一）北京

作为首都的北京市养老、失业、工伤、生育"四险合一"，统一征缴，集中管理，组成一个体系，四种保险信息共享，采用了统一的单位代码、登记证号码等，实现了以养老保险为主的统一缴费基数、统一账户管理、统一社会保障号码制度。四个险种同时征收，既降低了成本，又方便了企业和个人，管理效率大大提高，实际征缴到位率高达99%以上。医疗保险也有非常鲜明的特点：从2007年起，北京市所有城镇户口家庭的学生和婴幼儿、尚无医疗保障的城镇老年人都参加"一老一小"医疗保险。该政策的出台标志着城镇职工医疗保险制度开始向城镇居民医疗保险制度转型、多层次的医疗保障体系建设进一步完善，开始逐步实现"人人享有医疗保险"的目标。从2009年起，部分三甲医院如人民医院等已经可以接受病人使用医疗保险卡住院接受治疗，病人只需要支付个人自付部分即可，医疗保险报销部分直接由医院与医疗保险中心结算，既方便了病人，也在很大程度上杜绝了医疗保险领域欺诈行为的发生。按照北京市的统一规划，医疗保险卡直接看病的试点将向全市其他级别的医院推广，真正实现医疗保险一卡通。但遗憾的是，目前北京的医疗保险作为完善的社会保障必不可少的一部分，仍然是独立于"四险合一"这个系统之外。北京市的医疗资源之丰富在全国都是罕见的，该系统的相对独立有其必然性，但未来医疗系统为了加强统一协调、统一管理、降低管理成本和避免相关费用重复支出，将医疗归入整个社会保险大系统是十分必要的。

（二）山东

山东作为人口大省和沿海东部经济发达省份，社会保险基金监督管理工作一直比较有自己的特点，社会保险经办机构的内部监督工作进行较好。2004 年，山东省在全国范围内率先建立社会保险经办内控制度。社会保险经办机构内控制度主要包括日常业务管理、基金管理、职工管理。具体包括：社会保险费源的控制管理、现场征缴控制管理、基金专用票据管理、偿付控制管理、财务管理、核算审计管理、预决算控制管理。内控制度的建立为堵塞基金管理中的漏洞做出了重要贡献。

2009 年 12 月，山东省人力资源和社会保障厅正式成立基金监督处，旨在加强对全省社会保障监督工作的统一领导，建立健全山东省社会保障监督体系，进一步加强对省社会保险政策、法规执行情况和基金监督情况的工作。基金监督处的成立使山东省基金监督工作迈向了更高层次，但也带来了一些矛盾：山东省社会保险事业局（即省级社会保险经办机构）内设有基金监督处并已经长期从事基金监督工作，地级社保经办机构有的是分险种设置监督机构，有的则是分环节设置机构。正因如此，业务指导与协调成为难题，政策传导机制明显不顺畅，甚至于文件传达都成了问题。体制和机制的问题与矛盾由此而凸显，如何解决一是需要中央政府层面的决策，二是需要内部磨合，但基金的监督管理工作本身不能放松。

山东省的农业人口占全省总人口的65%以上，农村人口的社会保障问题成为主要矛盾。为此，山东先在经济强县进行新农保试点，将力求达到适应政府和农民的承受能力、适应农民参保面的推广。在基金监管方面，因为社会保险基金数额巨大，且其投资方式被限定于存款与国债上，所以在社会保险基金的存款方面进行监管是至关重要的，因为它是寻租发生的重要环节。在这方面，信息的披露与公开竞标是阻止寻租活动的有效方法。山东省在全国范围内率先采用对社会保险基金投资于存款进行公开竞标的方式。经过综合评审，2007年山东工商银行最终获得最多一笔10亿元省直管社会保险基金财政专户定期存款。在山东省被国务院确定为做实个人账户试点省份之后，如何确保基金的保值增值，成为未来工作的重点。由于养老保险个人账户基金的投资目前仍然处在政策和法规的盲区，为确保安全只能存银行和买国债，但未来的投资方向如何解决，需要的是中央层面的法律法规进行规范。和其他省份一样，山东省也在等待着中央的政策和法规出台。

（三）江苏

江苏是全国的经济大省，社保基金数额巨大，仅2009年就累计征收社会保险费986亿元，征收总量位居全国第一，但是江苏却没有发生社保基金方面的大案。然而，江苏地区发展极其不平衡，苏南、苏中、苏北层次分明，社会保险也存在很大区别。可见，江苏社保基金监管经验极具典型性。

由于第二、三产业的发展水平较高，江苏的财政收入有能力反哺农业和农村、农民。其中，农村社会养老保险是江苏省社会保险中最具特色的方面，也是江苏省领先于全国的方面。江苏省是全国农村社会养老保险的试点省份，早在2003年，就开始进行新农保制度探索，到2008年底，新农保制度建设已在全省实现全覆盖。2008 年底，《江苏省新型农村社会养老保险制度实施办法》正式施行，通过建立个人缴费、集体补助、政府补贴相结合的新型筹资机制，提供适度的保障水平，体现出社会保险应有的普惠性和共济性特点。该文件主要适用于交纳养老保险的农民，到 2009 年底，全部 13 个省辖市以及 90 个涉农县（市、区）均已经出台了新农保指导意见或者办法，新农保参保人数已达 591.37 万，新农保养老金领取人已达 117.25 万，养老保险待遇按照男 60 岁、女 55 岁的退休年龄发放。至于未交纳养老保险的农民，则男 60 岁、女 55 岁后可领取的月养老保险金 60～180 元不等，也高于全国的平均水平。农村新型合作医疗发展也很快，截至 2008 年底，江苏省参合人口共计 4454 万人，参加新农合人数与全部农村居民之比高达 97%。新农合基金主要由省级财政、地方财政、个人缴费三个部分构成，其中政府补助资金占筹资总额的 70% 以上，并且逐年稳步增长。

即使在如江苏这样 GDP 总量堪比 G20 国家的省份，同样存在着由于全国城市－农村二元结构尚未打破，从而导致社会保险待遇领取方面数额悬殊的问题，特别是在医疗保险项目上。纳入城镇医疗保险的城镇人口每年基本上可以接受一次免费的全面身体健康检查，同时对于住院的城镇居民可以报销 75%～80% 的医疗费用，但是农村地区可以报销的最高比例是 55%；新型农村合作医疗制度的登记、理赔程序过于繁琐，需要农民先行垫付，然后持有关手续到合作医疗报账中心申报，最后再到农村信用合作社领取保险金。一旦农民支付不起医疗费，则看病难的问题依旧没有得到解决。同时，江苏作为社会保险基金结余最多的省份，自然也面临着最大的保值增值压力，只能希望国家层面的政策、法规尽快出台。

（四）浙江

浙江作为东部沿海经济发达省份，社会保险事业也基本上走在全国的前列。目前，浙江社会保险制度正向整体推进、城乡统筹、法律规范方向发展，在全国率先建立了覆盖城乡、功能完善、层次多元的社会保险体系。作为城乡一体化进展最快的省份之一，早在 1995 年，浙江省就发布了《浙江省农村社会养老保险暂行办法》，个人缴纳的养老保险费和集体补助全部记入个人账户。养老保险费的月缴纳标准为 6 ~ 20 元不等，采取年缴办法。乡镇村各类企业和个体经济组织从业人员的社会养老保险，单位按月以职工工资总额的 10% ~ 15% 缴纳，个人缴纳工资的 3% ~ 5%，全部记入个人账户。从 2009 年起，全省 81 万在校大学生全部纳入城镇居民医保基本医疗保险体系，这在全国处于领先地位。

浙江省社保基金的监督管理法规建设一直进展良好。2005 年以第 188 号省政府令的形式颁布了《浙江省社会保险费征缴办法》，明确了五大险种的"地税征收、财政监管、社保发放"的征管运营模式。2007 年颁布了《浙江省社会保险经办机构内部控制暂行办法》，要求各地社保经办机构从组织机构控制、业务运行控制、基金财务控制、信息系统控制等方面出发，加强内部控制。同年，《浙江省劳动和社会保障厅关于印发浙江省社会保险信息披露制度实施办法的通知》颁布，要求各级人力资源和社会保障部门、社会保险经办机构建立健全信息披露制度，定期向社会公告社会保险基金的收入、支出、积累、运营等情况，提高基金管理运营的透明度。

浙江省的社会保险基金监督管理工作同样存在着不足和问题。由于浙江省内各统筹区在确定保险费率时是按照"以支定收、收支基本平衡"的原则进行的，这就导致各地的保险费率不一致。以衢州和宁波两地为例，宁波地区由于企业众多、赡养率低，所以养老保险的单位缴费率为12%。而衢州市由于企业数量相对较少，赡养率高，所以养老保险的单位缴费率为16%，是宁波的1.33倍。虽然衢州市采取了一些优惠政策试图吸引宁波的企业，但是由于社保费率方面的差距使得企业成本增加，很多宁波企业家不愿到衢州投资。而衢州本地的企业也由于社保费率较高、面临比宁波企业更大的发展压力，这样反过来又进一步加剧两地的经济发展差距。相信这样的问题不仅在浙江存在，其他省份也同样会存在，这就需要在《社会保险法》颁布实施之后，首先消除这样的省内"碎片化"现象，从真真正正的省级统筹做起，逐步建立全国统一的社会保险制度。

（四）广东

广东省作为我国东南沿海经济发达的省份，社会保险事业的发展和经济发展基本同步。2004年，广东率先在全国推出省级政府颁发的《广东省社会保险基金监督条例》，各级人力资源和社会保障部门、财政部门、地方税务机关及审计部门按照条例的要求认真履行职责，不断加强对社会保险基金征收、支付、结余等全过程的监督。同时，条例要求县级以上人民政府应当成立社会保险基金监督委员会，负责统筹、协调、指导本行政区域内社会保险基金监督工作。

广东省会广州市的社保基金运营情况比较典型。按照原劳动部和财政部1994年的联合发文，禁止将社保基金拿到市场上运营，已经投出去的钱要收回。但因牵涉社会信贷机构再转借、合同、合作等多方面原因，到1998年，广州市尚有10亿元未能收回。2006年度，广州市共收回在外运营的社保基金3.626亿元，截至2007年2月，尚有6.87亿元未收回，其中有可能收回的约 1.05 亿元。从 2001 年开始,广州市政府每年往财政专户存入 5000 万元现金,作为填补最终损失的准备金。在加大对往年社保基金追收力度的同时,坚持"对于不落实到责任人的在外运营社保基金不予核销"的原则,严格依法依规追究有关人员的责任。2000 年之后,广东省社会保险基金监督管理工作走上了正轨,基本上杜绝了类似案件的发生,近年来都没有再出现社保基金被挤占、挪用、贪污等方面的重大违法违规案件,基金基本保持了安全完整。

目前广东省社会保险基金监督管理方面存在的问题主要有以下几点:一是作为全国第一农民工输入大省,广东省 2009 年吸纳农民工达 2300 多万,农民工已经成为广东省一个重要的社会群体,也成为广东社会保障工作的一个特点。2006 年 9 月,省政府出台《关于进一步加强农民工工作的意见》的政府文件,强调农民工社会保障制度的改革创新问题。农民工社会保障问题具有特殊性、不确定性,现有的制度有待进一步完善。农民工最大的特点就是具有较强的流动性,目前,农民工的社会保障账户的设计还不符合农民工人群较强的流动性。二是我国现行的养老保险基金监管制度是以行政监管为核心、审计监管和社会监管为补充的"三方"监管体系。这种监管体系在一定程度上对于规范、管理和使用养老保险基金起到了非常重要的作用,但是,"三方"监管体制的成本也是巨大的。由于"三方"监管的主管部门缺乏统一规划,相互协调较差,经常会出现一个地区、一个项目刚刚由一个监管部门检查完毕,另一个监管部门又开始检查。这种各自为战、重复监管现象,不仅造成了社会资源的极大浪费,而且严重干扰了被检查者的日常工作。在实际监管工作中,"三方"监管部门对于监管的范围、内容、重点,所查出的违纪违规问题,先进的监管理念和监管方式等监管信息不能充分交流和共享，致使养老基金监管逐渐陷入孤军作战、流于形式的怪圈之中。

二、东北老工业基地

我国的东北老工业基地由于产业转型等原因，是下岗、失业职工比较集中的地区，社会保障制度的完善与否和职工的切身利益密切相关，本课题调研的省份是辽宁和黑龙江。

（一）辽宁

2001 年 7 月 8 日，国务院批复同意辽宁省完善城镇社会保障体系改革试点方案，这是一项举国关注的社会保障制度改革试点。作为老工业基地的辽宁省是当时我国唯一在全省范围内进行完善社会保障体系改革试点的省份，被历任辽宁省主要领导视为"一号工程"。近年来辽宁省的改革一直没有停顿，和黑龙江省一样，辽宁省在岫岩等八个县展开了新农保试点工作，对年满 16 周岁（不含在校学生）、未参加城镇职工基本养老保险的农村居民，都可以在户籍地自愿参加新农保。除此之外，从 2010 年起，辽宁省新型农村合作医疗保障水平进一步提高，筹资过程中政府补助提高到每年人均 120 元，农民个人缴费 30 元，合计 150 元，通过完善住院统筹和门诊统筹相结合的补偿模式，允许农民在统筹区域内自行选择定点医疗机构，30% 的统筹基金用于门诊补偿，住院补偿封顶线达到 4 万元。由政府主导的新农合的推出使得过去农村"因病致贫"的现象大大减少。

辽宁省的社会保险费征缴是全国的缩影：计划单列的大连市是社会保险经办机构征缴，其余地市则是当地地税局征缴。这样的"一省两制"带来的管理成本、核算软件对接等问题一直困扰着基金监督管理机构。除大连外的各地市由地税系统承担征缴工作，但实际上各地市的社会保险经办机构仍然需要核实参保人员信息、制作征缴表单、核实征缴数量等全过程的工作，地税只是起到了类似会计出纳的作用，但却增加了征缴过程中的行政开支，并增大了与社保经办机构沟通和资金转移的行政成本。财政系统独立管理社保基金，设立了财政专户，实际上承担着"预算"和"监管"的双重角色。由于省、地市的财政厅局与人力资源和社会保障厅局属同级机关，所以统筹工作很难由某个机构来担当，导致了"谁都有权管理"和"谁都不愿管理"并存的局面，监管系统和主体的复杂可以说是全国的一个缩影，亟须理顺监督管理体制。

2004年初，国务院决定将辽宁省实施的完善城镇社会保障体系试点扩大到吉林、黑龙江两省。黑龙江省按照国务院试点办的要求，对城镇企业职工基本养老保险制度进行了较大幅度的调整和完善，并相继出台了一系列的文件。目前黑龙江省养老保险省级统筹工作已走在全国前列，初步实现了城镇企业和个体劳动者基本养老保险的省级统筹，并建立了省养老保险基金专户，将全省城镇企业职工设定为一个养老保险统筹区域。目前在全省范围内，各城市流动就业的参保人员养老保险关系转移接续比较顺畅，不需要转移基金，实现了"无缝对接"，为将来实现全国统筹、劳动力自由流动奠定了良好的基础。

（二）黑龙江

作为全国新型农村社会养老保险试点省，黑龙江省在2009年末启动新农保试点，共有14个首批试点县的245.4万农村居民进入基本养老保障体系，2010年春节前就有30.45万名60周岁以上农村老人领到每月55元的基础养老金。农民在前几年停止缴纳几千年的"皇粮国税"之后，现在又能够从国家领取养老金，虽然数量很有限，但却意义重大。黑龙江省的新农保 14 个试点县中，农民完全自愿参保率在 95% 以上，主要原因在于有政府补贴。发达国家和绝大部分发展中国家的社会保障制度都是覆盖全民的，我国的宪法也规定：中华人民共和国公民一律平等，享受平等的权利。因此，从法理角度来看，中国的社会保障制度覆盖全民应该是一个不证自明的命题。但法律的平等不等于事实的平等。由于各方面原因，法律形式上的平等与事实上的不平等一直存在，从城乡分割到城乡统筹是我国发展战略的重大转变。这一转变的重要内容之一就是消除由传统二元体制造成的身份性差别，给予同样的公民以同样待遇。最基本的待遇就是建构起能够覆盖全体公民的社会保障网络，使每个人都能够通过这一网络获得最基本的生命和生活保障。在实现社会保障制度覆盖全民方面，国家的责任不容推卸。

三、中南部省份

中南部省份的调研包括河北、河南、山西、湖南等省。

（一）河北

由于政府人力资源和社会保障部门监督人员的缺乏，河北省人力资源和社会保障厅不得不和其他省份一样把部分监督权下放给社会保险经办机构，导致经办机构实际上既是社会保险基金的管理者，又是监督者。在这样的实际情况下，社会保险经办机构的内部控制就凸显其重要性。2008 年 6 月 26 日开始实施的《河北省社会保险经办机构内部控制实施细则（暂行)》，在全国是省级政府中较早颁布的规范性文件，为加强社会保险经办机构内部管理与监督，防范和化解运行风险，规范社会保险管理服务工作，确保社会保险基金安全提供了保障。

为了解决监督权下放之后的"自我监督"问题，河北省人力资源和社会保障厅成立社保基金检查领导小组，每年都要进行一次社保基金检查工作，市县基金监督部门负责人和各社保基金经办机构主要负责人为成员，采取各经办机构自查和检查领导小组抽查相结合的方式，部分消除"自我监督"所存在的问题。在当前监督人员严重不足的情况下，这也算是增加外部监督、防范基金风险的次优选择。但这样的权宜之计未来需要通过制度性的监督规则来替代。解决"自我监督"弊端的另一个技术性措施是非现场监督，由政府社会保险基金监督机构对手工报送、网络传输的有关数据资料进行检查、分析，掌握被监督单位社会保险基金管理和制度运行状况，及时发现问题，促进事后监督向事前、事中监督转变，是采取防范措施的一种远程监督。2009年全省新增金保工程示范城市3个，11个设区的市数据中心与辖区社会保险经办机构实现联网，市域网覆盖率达到90%。以企业养老保险为例，2009年末全省监测库数据入库人数达到770万人，统计入库率达到97%以上。

目前，河北省各地方财政为了简便，将不同类别的基金放入同一社保基金财政专户集中管理，或是将同类不同用途的基金混存管理。这样的资金混合很容易发生相互间的挤占挪用，同时也为掩盖挤占挪用基金带来方便，为审计和基金监督部门分别对各种基金的监督造成了困难。例如，河北省某贫困地区为了支付离休干部的养老金，竟借用医疗保险基金，导致医疗保险基金被挪用，为社会安全稳定埋下了隐患。在一些地市，由于企业参保意识差，拖欠问题严重，催缴管理困难。比如，在医疗保险改革中，有个别单位认为参加医保减少了待遇，要求"退保"。这些单位多是省直单位和效益较好的企业，负担较少，原来医疗消费水平比较高，认为参加医保后报销比例低，与以前比不划算，因此不愿参加医疗保险，拒绝缴纳医疗保险费。

(二) 河南

河南地处中原，是全国第一人口大省，也是农业大省，农村人口占70%以上，发展新型农村合作医疗被河南省列入医保工作的重中之重。2003年9月，河南省确定济源市、辉县市等18个县、市作为新农合试点。2007年，河南省卫生厅和财政厅共同发布了《关于确定2007年度新型农村合作医疗试点县市的通知》，新增通许县等32个县为第三批试点县（市），至此河南省的新农合试点市、县（区）已增至142个，占全省农业总人口的92.21%。河南省的新农合发展很快，但也存在着很多问题，如农民对住院报销手续复杂，兑现医疗补助时间长不满意；定点乡村卫生院所的医疗水平偏低，难以满足农民就诊要求；乡级合管办工作经费不足。这些问题的根源在于资金的筹集，目前缴纳医保费用难仍是农村医疗保险制度的致命伤。对于新农合来说，单靠国家财政负担，显然不够现实；而过高的支付比重偏向个人，又失去了医疗保障的福利性质。随着经济发展水平的提高，逐步提高财政补贴的比例，相信理性的农民会更多地选择参加新农合。

在社会保险基金收、管、发的具体业务上，调研中发现有部分社保费代征机构未按规定时间将保险费转入基金收入户，经办机构在决算中存在少计保险基金收入的现象，违规行为包括不按照规定存入国有商业银行，造成基金损失。如河南新密市将企业职工养老保险基金637万元存入两家城市信用社，由于2002年11月信用社撤销，资金面临损失。还有些行业主管部门存在截留社会保险费的现象，还有部分社保机构违规建办公楼，造成基金无法追回。这些违法、违规现象之所以屡禁不止，一个重要原因就是国家和地方性法律法规的缺失，即使对现有的法规和规范性文件也执行不力。

2007年9月，河南省政府出台了《河南省社会保险基金管理规定》，这在省级政府中是比较早的地方性法规，其适用对象包括了河南省城镇企业、机关事业单位的基本养老、失业、医疗、工伤、生育保险基金等。作为做实个人账户基金的试点省份，在基金投资方面，河南省政府与全国社会保险基金理事会签署委托投资协议，全国社会保险基金理事会将受托投资运营企业职工基本养老保险个人账户的中央财政补助资金。委托资产并入全国社会保险基金统一投资运营，委托期限最短为五年；全国社会保险基金理事会承诺3.5%的年收益率，免收管理运营费用，相关费用由中央财政预算核拨。

除河南省外，还有其他省份也将中央财政补贴的基本养老保险个人账户基金委托全国社保基金理事会进行投资经营，承诺收益率3.5%。在《养老保险个人账户基金投资管理办法》出台之前，这样的委托是可以理解的，但存在两个问题：一是全国社保基金理事会本身作为基金数额庞大的机构已经委托其他基金管理公司进行资产管理，又接受其他省份的委托，多重委托-代理关系如何解决激励机制和惩戒机制？二是在一般的委托投资管理中严禁承诺保底收益率，而现在3.5%的保底收益明显违反《民法通则》、《证券法》、《信托法》中的有关规定，理论上这样的保底条款是不受法律保护的，不能因为都是政府背景的机构而有例外。省级政府与全国社保基金理事会之间的委托投资问题，现在是不得已而为之，将来必须通过法律、法规寻找到一条可行、合法的途径。

（三）山西

与其他省、自治区、直辖市的情况不同，在调研中发现山西省无论是个人还是企业，参加养老保险的意愿都不强烈，甚至有些排斥，能不交就不交。截至 2007 年 6 月底，全省已有 221 户企业建立了年金制度，涉及职工 24 万人，如潞安矿业（集团）公司、交通银行太原分行、大同机车厂、漳山电厂、省信托投资公司、民航机场集团、煤科院太原分院和英语周报社等。

关于基金的投资和监管，法律规定的管理主体应该是社会保险经办机构，但是在调研中发现，由于基金在财政专户中存储，财政部门应该是监管主体。社会保险基金保值增值的责任应当在社会保险经办机构，但实际上经办机构没有任何权力去进行投资，也没有能力去投资，只能盯着存款利率。由于社保基金数额巨大，即使存活期，银行也应按 3 个月定期利率计算利息。社会保险经办机构通过对比两年的基金数额，发现银行并没有给足应给的利息数额，这样的情况无人问津，因为财政部门没有去争取更高利率的压力和动力。对于财政专户管理者来讲，社会保险基金数额多少、增值快慢与己无关。由此可见，管钱只是涉及权力之争和部门利益之争，至于这部分资金是否能够保值增值，不同的部门看待该问题的角度不同。经办机构要求基金保值增值的心声换不来财政专户管理者的敬业，而损失最大的还是社会保险参保人的利益，是普通群众的利益。

（四）湖南

2010 年起，湖南省在长沙县、株洲县、湘潭县、澧县、邵阳县等 14 个县（市、区）试点新型农村养老保险工作。例如在岳阳市平江县，当地符合参保条件的有 78.07 万人，其中

16 ~ 60 周岁共 64. 61 万人为缴费人员，2009 年 10 月 31 日前年满 60 周岁及以上的 14. 1 万人不用缴费，可以每月领取 55 元基础养老金。自 2009 年 12 月 14 日新农保试点工作动员大会后，县电视台连续 10 多天滚动播放新农保政策，新农保经办机构人员连续奋战 15 个日夜，将全县 60 周岁以上人员全部录入电脑并审核，截止到 2009 年 12 月底，该县共发放养老保险金 668 万元，有 12 万余人受益。

在社保基金监管方面，2004 年根据《湖南省社会保障监督委员会章程》，湖南省有关部门在全省范围内建立了社会保障基金管理综合评估制度，通过量化的指标来评估基金管理的成效。2005 年根据《社会保险基金行政监督办法》和劳动保障部等七部门《关于加强社会保障基金监督管理工作的通知》的有关规定，湖南省开展了对于社保基金的非现场监督工作，即对手工报送或网络传输的有关数据资料进行检查分析，掌握被监督单位社会保障基金管理和制度运行状况，及时发现问题，采取防范措施，对于促进社会保障基金的安全运行，促进社会保障管理工作的规范化和科学化具有重要的意义。2008 年更是在已有制度的基础上，颁布了《湖南省社会保险基金举报奖励暂行办法》，进一步调动全社会力量参与社会保险基金监督管理的积极性，有效堵塞基金收支和管理的漏洞，减少因欺诈行为而导致的社会保险基金流失，切实保障湖南省各项社会保险基金的安全。

和其他省份一样，湖南省社会保险基金监督管理工作也面临着一些问题和挑战。首先是结余社保基金的投资渠道极度匮乏，目前 58% 的资金为财政专户活期存款。在目前通货膨胀压力增大的情况下，面临着严峻的保值增值压力，亟待通过相关政策法规拓展投资渠道。二是针对查出的违规操作行为进行处罚纠正时缺乏具体的法律依据，基本上只能是采取行政督导的方式来解决，而由此带来的后果是同样的问题反复出现、屡禁不止。三是监管方式目前主要还是行政部门主导的现场检查和"专项治理"，存在着未形成制度化的缺陷。全省每年都会从各地社保经办机构抽调业务骨干组成若干个小组，分赴全省各地区进行监督检查，每年的检查对象（五个险种之一或全部）、范围、环节都有所不同，由于时间短暂、人员临时抽调、基本上全人工查账，很难保证做到全面仔细地检查，监督成本也很高。这样的运动式监督检查模式，将来应当逐步向制度化、程序化、专业化的方向发展，同时应当以非现场监督为主，以节约监督成本，减少对被监督对象正常工作的干扰。

四、西部省份

西部省份主要调研了重庆、四川、宁夏等地。

（一）重庆

重庆在全国率先实行了收支两条线的制度，除个别区县基本医疗保险费由经办机构征收外，五项基金都实现了通过税务系统征收，直接进入财政设立专户进行管理，形成社会保险经办机构使用和核算的收支分开、专款专用、多方协同、相互制约、合力监管的管理格局。在监管法规方面，已着手拟订《重庆市关于违反社会保险基金使用规定行政处理暂行办法》等政府规章，以加强对社会保险基金支付环节的监督检查。同时，重庆市人力资源和社会保障局已着手开展《重庆市社会保险基金监督管理条例》的立法调研和起草工作，力争尽早出台。此外，《失业保险基金管理条例》、《养老保险基金管理条例》等均已纳入重庆的地方性立法计划。针对支付环节的地方性法规，也有望于近期出台。

在对企业年金的政策上，重庆市鼓励企业自主建立，规定参加基本养老保险且按规定缴费的、具有相应经济负担能力、已建立平等协商机制的企业可建立企业年金，主要采取税收优惠的方式，规定企业缴费中，在本企业上年度职工工资总额6%以内的部分可计入企业经营成本，在企业所得税前扣除。这一比例不仅在西部地区是最高的，比国务院给予养老保险制度改革试点地区的优惠政策也多出了两个百分点。

社会保险欺诈行为在全国具有一定的普遍性，一些省份出台了相关规章和规范性文件，重庆市政府2009年11月23日第35次常务会审议通过的《重庆市骗取社会保险基金处理办法》具有一定的典型性。该办法明确规定了骗取社保基金的行为特征，针对骗取社保基金的对象，设置了相应的法律责任：用人单位骗取社保基金的，由人力资源和社会保障行政部门给予行政处罚。社会保险服务机构骗取社保基金的，由人力资源和社会保障行政部门责令退还被骗取的社保基金，处2万元以下的罚款；情节严重的，处2万元以上3万元以下的罚款，取消社会保险服务资格，解除服务协议。对个人骗取社保基金的，由人力资源和社会保障行政部门责令退还被骗取的社保基金，处500元以上1000元以下的罚款；涉嫌犯罪的，移送司法机关依法处理。该办法的出台进一步加大了对骗取社保基金行为的打击力度，对骗取社保基金的行为起到了有效的威慑和预防作用。

（二）四川

在社保基金的监管问题上，四川省主要围绕两个核心任务来实施：一是确保社保基金的安全完整，不论对违法违规案件的查处，还是进行内控制度建设都是实现这一核心目标的体现；二是促进社保基金的保值增值，随着我国人口老龄化的加剧，社保基金的支出压力越来越大，这一方面已经逐渐成为影响我国社保制度健康稳定发展的重要问题。这两点也是四川区别于其他地区的特点。

为确保社保基金的安全完整，2006年，四川省人力资源和社会保障厅基金监督处就主持起草并颁布了《四川省社会保险经办机构内部控制暂行办法》，在全省社保经办机构实行内部控制制度建设，保证法律法规和行政规章的贯彻执行、业务活动的规范有序、基金资产的安全完整。为完善此办法，2007年基金监督处又起草颁布了《四川省社会保险经办机构内部控制评价暂行办法》，对内部控制的评价内容、程序和方法、评价标准和评价等级、组织实施等方面做出了规定。如此注重内部控制的制度建设和评价，并及时把实际工作中的经验教训总结上升为规章，四川为其他省份树立了榜样。

社保基金的保值增值问题是我们调研中困扰绝大部分省份的问题，四川省同样在此问题上有所创新。例如，省劳动和社会保障厅联合省财政厅以及中国人民银行等各相关单位要求对于基金的结余超过5个月以上的，都按照半年以上的定期利率来计算。这一要求至少使四川省的社保基金在2010年多增收1亿元。在其他省份面对保值增值问题只能坐等中央的新政策、新法规、新办法的同时，本着对社会保障事业高度负责的精神，四川省在现有政策、法律、法规框架之下通过自身的努力减少了社保基金因存活期存款而发生的利息损失。

（三）宁夏

宁夏自治区是西部经济不发达的省份，人口只有600多万，目前的省级统筹还局限于基本养老保险基金，其他四险都还只是地、市级统筹。这样的统筹层次一方面无法体现保险的大数法则和共济性原则，另一方面也为不法商人、官员觊觎社会保险基金创造了条件，石嘴山市的医保案就是典型例子。为了防止类似案件的再次发生，自治区政府加强了社会保险基金监管立法的步伐，自治区政府在 2007 年 4 月 29 日以"宁政发〔2007〕71 号"文件，批转了《宁夏回族自治区社会保险基金财务管理办法》，使得社会保险基金全部纳入财政专户管理。此后，又以"宁政发〔2007〕127 号"文件，作出了《自治区人民政府关于加强社会保险基金监督工作的决定》，由自治区政府副主席担任社会保障监督委员会主任，对社会保险基金进行全方位、全过程的监管。

2010 年 3 月，《宁夏回族自治区社会保障资金审计监督条例》开始实施。该条例作为全国第一部规范社会保障资金审计监督工作的地方性法规，对于完善社保基金监管制度、保证社会保障资金的安全运行和有效使用具有重要意义。除了五项基本社会保险金之外，城乡居民最低生活保障、农村五保供养、医疗救助、救灾、扶贫、优抚安置等社会救助资金以及就业专项资金；住房公积金、廉租住房租赁补贴资金和建设补助资金等住房保障资金；发展社会福利事业的社会福利资金；社会募集和捐赠的社会保障性资金以及其他社会保障资金均在审计监督之列，建立了社会保险基金监督和审计监督之间的协调机制，值得其他省份借鉴。

宁夏回族自治区政府在基金监督管理环节上建立健全了社会保障监督管理委员会，并制定了《宁夏回族自治区社会保险经办机构内部控制暂行办法》，建立健全社会保险经办机构的内控机制。按照该内控办法的要求，在全自治区建立社保经办机构内控制度运行情况的定期报告制度。从 2007 年起，各级社会保险经办机构每年 12 月底前将当年的内控工作总结报同级劳动保障行政部门并抄报自治区社会保险事业管理局，建立岗位之间、业务环节之间相互监督、相互制衡的机制。各级劳动保障行政部门进一步加强对内部控制工作的监督管理，定期对社会保险经办机构的内控工作进行监督检查，建立健全考评机制，每年要对本单位和系统内部控制工作进行检查评估，严肃处理违反内控制度的机构和责任人，并在一定范围内予以通报，维护内控制度的严肃性，防止流于形式。

从上述各省份的不同特点来看，由于中国地域辽阔，各地经济发展水平、社会保障发展水平不尽相同，要求一刀切式的整齐划一不太现实，而养老保险碎片化的现实又亟须改变，这就要求各省份必须消除省内各自为政的土政策、土办法，尽快做到养老保险的真正省级统筹，从而为全国统筹打下良好的基础。

第五章

中国养老金征缴阶段的监管及其立法

  征缴是养老金形成的"入口",世界上所有建立了社会保障制度的国家都十分重视社保基金的征缴,绝大多数国家都通过严格的立法来征缴养老金。中国早在 1999 年就由国务院通过了《社会保险费征缴暂行条例》,但十多年来在社保基金征缴过程中,从理论层面到实践层面都存在着问题:理论层面的"税"、"费"之争,实践层面社保经办机构与地方税务机关征缴体系的"一国两制",这些都需要进行理论层面的厘清;而养老金的"入口"如若不畅,肯定影响此后的运营和发放,因而征缴阶段监管的重要性不言而喻。

第一节 社保基金征缴的
"税"、"费"之争

  1997 年的国务院 26 号文件奠定了目前我国"社会统筹与个人账户相结合"的养老金制度,1999 年的《社会保险费征缴暂行条例》明确了"社会保险费"的概念,但此后不断有学者撰文呼吁"社会保险费改税",不但在理论界大行其道,而且多次见诸人大、政协委员的提案,与此同时,仍有少部分学者旗帜鲜明地反对"费改税",或认为"费改税"时机尚不成熟。厘清"税"、"费"之争,是养老金在征缴阶段监管的

基础。

一、社会保障"费改税"的支持说

支持社会保障"费改税"的学者几乎都从现行社会保障收费制的种种弊端入手分析，证明开征社会保障税的必要性，并且也大多提及开征社会保障税的可行性及具体设想。主要观点有：

较早提出开征社会保障税的是"社会保障制度改革与开征社会保障税可行性研究"协作课题组（1994年）。该课题组认为，用征收社会保障税模式取代社会保障统筹缴费是最佳选择，有利于社会保障事业社会化和法制化管理；有利于资金统一调度；有利于公平负担。课题组对某大型老工业城市进行了抽样调查和论证，通过实证分析认为该方案是可行的，开征社会保障税刻不容缓。[1]

开征社会保障税具有必要性。于中一等（2000）认为，开征统一社会保障税有利于增强社会保险筹资的强制性，加强社会保险基金的征收力度；有利于对社会保险基金实行收支两条线预算管理，建立社会保险基金管理的监督机制，保证社会保险基金的安全性，有利于降低社会保险基金的征收成本；[2]李杰等（2000）更进一步认为"费改税"有助于打破地区、部门、行业间的条块分割，实现人力资源的合理流动和有效配置，有助于促进"企业保险"向"社会保险"的转变；有利

---

〔1〕　参见"社会保障制度改革与开征社会保障税可行性研究"协作课题组："我国社会保障制度改革的基本思路"，载《经济研究》1994年第10期。

〔2〕　于中一等："我国社会保障筹资手段的选择与社会保障税的应用"，载《财政研究》2000年第2期。

于减轻企业负担；有利于逐步建立农村的社会保障制度。[1]国情专家胡鞍钢（2001）认为，"费改税"有利于建立全国统一的社会保障制度。[2]

从实践的角度来看，开征社会保障税已经具有现实可行性。政府和理论界已经在开征社会保险税等新税种上做了不少舆论宣传，实践中全国已有近半数的省份实行了社会保险费的税务征收，这些都增加了人们对社会保障税的心理预期。在实践层面，政府税务机关遍布全国的税务干部在个人所得税的征收中积累了丰富的工作经验，为社会保障税的开征提供了征管体系的保证。经过大量的舆论宣传和本届政府的切实准备工作，随着养老保险全国统筹的实现，开征社会保障税应当不会存在更多的障碍。

二、社会保障"费改税"的反对说

反对"费改税"的学者主要有郑功成和郑秉文等社会保障领域的知名学者。他们的主要理由是：

1. "费改税"并未"与国际接轨"，20 世纪 80 年代后期以来的主要潮流是税改费，即加强个人缴费与未来权利之间的联系，多缴多得，社保制度收入多了，个人退休金收入就自然提高了，这是改革的大趋势。如果改成税，在理论上就割断了这种联系。[3]开征社会保障税必要性的某些论据基本上与社会保障本质无关，因为社会保障法的本质表现在方式上的互助和

---

〔1〕 李杰等："论我国社会保障筹资方式的改革"，载《经济学动态》2000年第 3 期。

〔2〕 胡鞍钢："利国利民、长治久安的奠基石——关于建立全国统一基本社会保障制度、开征社会保障税的建议"，载《改革》2001 年第 4 期。

〔3〕 郑秉文："中国产生社保案的制度原因及解决办法"，载《国际经济评论》2007 年第 5、6 期。

目的上的生存权与发展权保障。因此，给社会保障法以另外的社会目标，并以与社会保障本质无关的社会意义论证开征社会保障税的必要性显然是错误的。

2. 认为征税比征费会增进社会保险筹资的强制性，其实是一种误解。因为对社会保险制度而言，征费与征税均应当是依法进行的，强制性的强弱，并不决定于"费"与"税"的名称，而是取决于社会保险法律的规范、执法的力度和当时当地的经济发展状况。征税的好处在于税率统一对于实现公平负担、待遇平等的社会保障目标有直接促进作用，但对中国这样一个国家财力有限、地区发展很不平衡的国家，征税可能导致所筹资金逆向流动、保险待遇与地区经济水平不相适应的现象，而征费方式却可以有一定程度的灵活性，[1] 即采取社会保险费还是社会保险税的形式无关紧要，关键在于政府是否重视。

3. "费改税"必须面对社会保障税制度自身的缺陷，想通过开征社会保障税、提高税率而一劳永逸地解决社保基金筹集问题是不现实的，单纯进行社会保障"费改税"并不能从根本上解决社保基金入不敷出的问题。[2] 还有一些"费改税"的反对者提出，我国尚不具备开征社会保障税的条件。社会保险税的开征就要考虑事权与财权的匹配问题。如果基本养老保险的事权归中央政府，那么可以保证全国范围内再分配的需要，但在目前养老保险基金缺口较大、养老保险覆盖面不宽、人口老龄化逐步进入高峰期、各省市养老保险基金积累参差不齐、各地基本社会保险水平差异甚大的情况下，要确定一个适

---

〔1〕　郑功成：《社会保障学》，商务印书馆 2000 年版，第 340～341 页。

〔2〕　王惠："中国社会保障税立法若干问题思考"，载《杭州商学院学报》2004 年第 1 期。

当的税率水平，使之不至于因此挤出强制性缴费的养老金计划下的个人储蓄，恐怕不是一件容易的事情。[1]

第二节　关于我国社会保障
"费改税"的思考

从上述看似对立的观点来看，"社会保障费改税"的合理性在于其注意到了我国现行社会保障收费制度的种种弊端，试图利用税收的法定性、统一性、强制性、成本低的特点，有针对性地解决当前效力低、范围小、收缴难、差异大、成本高、监督难等问题。因此，"费改税"的主张有其重要的现实意义，前任财政部长谢旭人（2010）明确提出："完善社会保障筹资形式与提高统筹级次相配合，研究开征社会保障税。"[2]这是第一次由财政部长明确提出开征社会保障税的问题，也算是"费改税"支持者中一个重量级的人物。因为担心社会保障财政支出负担比较重，此前几任财政部长不愿过多提及社会保障税，此次财政部长所提出的"研究开征社会保障税"应当不是空穴来风。

一、"税"、"费"之争各自的缺陷

"税费之争"的双方唇枪舌剑，但在争论中双方都有各自的软肋。"费改税"的支持者无法从理论上和实践中阐述税收的强制性、固定性、公共财政性，如何与社会保障所要

---

［1］　邓子基："关于养老保险制度改革的几点认识"，载《财经论丛》2002年第1期。

［2］　谢旭人："坚定不移深化财税体制改革"，载《求是》2010年4月1日。

求的权利与义务的一致、个人账户与社会统筹相结合之间相兼容、相衔接的问题，不能充分说明社会保障税所具有的专税专用、保障个人所有权等特点，同时开征社会保障税将会面临与我国现行分税制的无法衔接、与社会保障的属地性管理现实无法协调的矛盾。同样地，"费改税"的反对者指出实行社会保障税收制度在理论上的障碍，认为"费改税的说法暗含部门利益之争"：如果不把权利和义务统一在一个部门，征收是税务部门，钱由财政部门保管，花钱的是劳动保障部门，从长期来看，就没有一个部门有责任感，无法确定责任人，容易出现三个和尚无水喝的局面。[1]同时，税收的公共性与社会保障个人账户的私有性相冲突、税收的不直接偿还性与社会保障的专用性冲突，都是"费改税"无法逾越的障碍。反对者们看到了税与费在理论性质上的区别，然而在现实中，"费改税"的反对者却也承认税与费的强制性并无高低之分，因此无法说明为什么不将费改税，从而充分利用税收制度的强制性。

　　社会保障法学领域的知名学者董保华教授（2005）认为，社会保障税或费的问题之所以陷入理论的困境，无法自圆其说，其中主要的问题就在于，无论是费改税的支持者还是反对者都容易局限于传统的公法—私法的二元结构来认识社会保障法的特点。赞成"费改税"观点的学者，容易从公法的视角来审视社会保障筹资的性质，因此无法说明社会保障所具有的私法特征；反对"费改税"观点的学者，则注意到社会保障筹资的私法性质。其实，社会保障法作为社会法的一部分兼具

---

　　〔1〕　郑秉文："中国产生社保案的制度原因及解决办法"，载《国际经济评论》2007 年第 5、6 期。

公法与私法的特点。[1]税法专家施正文教授（2002）认为：判断和认定某一主体是否为征税主体，主要应看其行使的权力和实施的行为的性质，[2]而非简单地看其名称。因此，只要充分认识到社会保障融资中的社会法特征，那么无论是采用社会保障费还是社会保障税都可达到同样的目的。

从发达国家俱乐部的经济合作和发展组织（OECD）各国情况来看，不管是美国的工薪税（Payroll Tax）还是英国的社会保障缴费（Social Security Contribution），只是筹资手段的名称不尽相同，其实质并无根本差别。它们的共同特点：一是强制性，无论名称为税或缴费，都由法律明确规定，强制征收，形成社会保障供款；二是所征得的收入形成专门基金，与一般税收相区别，专款专用；三是以雇员的工薪收入为征收基准。为提高行政效率，许多国家将征缴社会保障基金与征税结合在一起，并且社会保障供款占税收总额的比重在不断攀升，社会保障的收、支逐步成为财政收、支的第一大项。根据 OECD 的统计，各成员国社会保障供款占税收总额的比重，1965 年仅为 18.1%，1985 年上升到 23.4%，1995 年达 26.3%，2009 年的最新数据为27.2%。以世界最大的经济体美、日、德三国为例，社会保障供款占税收总额的比重 1965 年分别为 13.3%、21.8%、26.8%，到了 2009 年，分别增加到了 27.2%、40.9%、38.7%，其中日本的增幅最大，这主要是日本加速老龄化所致。在其他国家，社会保障供款也基本上都成为第一大税种。[3]

---

〔1〕 董保华等：《社会保障的法学观》，北京大学出版社 2005 年版，第 185 页。

〔2〕 施正文："论税法主体"，载《税务研究》2002 年第 11 期。

〔3〕 所有数据根据 OECD 官方数据库中社会保障供款和税收分别占 GDP 的数据计算而得出，参见 OECD 官方网站：Social security contributions as percentage of GDP, Total tax revenue as percentage of GDP, http://www.oecd.org/document/60/0, 3746, en_ 2649_ 34533_ 1942460_ 1_ 1_ 1_ 1, 00. html#A_ RevenueStatistics.

二、"税费之争"的重新诠释

我国社会保障筹资方式的选择既要考虑到税收、收费制度本身的性质，也要符合社会保障自身的规律。一般说来，税的特点是具有国家强制性，形成国家财政，其法律关系属于政治国家的公法关系。而社会保险费最早的起源是行会等劳动者团体内的互助基金，其特点是自愿和互助，其法律关系起源于市民社会的私法关系。由此可见，税、费二者之间有很多的理论冲突和矛盾之处，用传统的税或费的理论都无法完美地解释社会保障筹资制度，为此必须进行理论上的创新和突破，笔者本人更倾向于董保华教授的观点，即跳出传统"公法"和"私法"的窠臼，基于社会法的观点来分析社会保障税、费；与此同时，根据我国"社会统筹与个人账户相结合"的基本养老保险制度，区分社会统筹部分养老金和个人账户养老金，综合研究社会保障税、费问题。

首先应当厘清法学意义上"社会保障税"的概念。传统的税收概念主要站在国家分配、公共财政或社会共同需要的角度，纳税人与受益人无法一一对应，只能采取"取之于民，用之于民"的笼统说法来描述缴税和使用公共产品的过程。从这个角度来说，社会保障"费"的确不能变更为社会保障税，因为在任何建立了社会保障制度的国家，需要保障的都是整个社会最具价值创造能力的劳动者，而非全民，社会保障供款真正体现了供款主体的权利义务关系，供款人和受益人是具有明确对应的法律关系的，即使基础养老金的领取也一般需要一定的缴费（税）年限。但从另外一个角度来看，社会保障是一种以政府为责任主体的制度安排，是一种社会契约，基于此，如刘剑文教授（2002）所述："我们在'人民主权国家'

思想总的指导之下，以社会契约论中的合理因素为参考，借鉴交换说和公共需要论的观点，将税收概念定义为：税收是人民依法向征税机关缴纳一定的财产以形成国家财政收入，从而使国家得以具备满足人民对公共服务需要的能力的一种活动。"[1]他认为，"契约精神和平等原则"是税收法律关系的本质，贯彻并体现在税收法律关系的各个层面。其实，"平等"本就是"契约精神"的内核之一，可以引导纳税人对税收法律关系深层次的平等性本质的认识与追求。[2]根据这个定义，至少统筹部分养老金接近"社会契约"中"税"的概念。

由于一般税收可用于基础设施的建设、教科文卫体等各项事业的发展，没有具体的、直接的受益者，有些人直观的感觉是只承担了义务，而没有享受到权利，但其与社会保障税是特殊的税收之间的不同是，社会保障往往有具体的受益人，实现了微观上的权利义务的一致。我国2011年7月1日开始实施的《社会保险法》第11条规定："基本养老保险基金由用人单位和个人缴费以及政府补贴等组成"，其中的"政府补贴"由于来源于一般税收，由此可见，至少统筹部分养老金缴费与"税"的性质更为接近。

与养老保险统筹部分接近"税"的概念对应，养老保险个人账户制度的具体设计中由于所具有的返还性，更接近"费"的概念，更能够体现私法上的债权债务关系。社会保险制度的一个突出特点就是权利与义务的一致性。劳动者在享受社会保险权利的同时，必须履行社会保险的法定义务。我国《社会保险法》总则第4条规定，"中华人民共和国境内的用人单位和个人依法缴纳社会保险费"；第10条规定"职工应

---

〔1〕 刘剑文：《税法专题研究》，北京大学出版社2002年版，第5页。
〔2〕 刘剑文：《税法专题研究》，北京大学出版社2002年版，第67页。

当参加基本养老保险，由用人单位和职工共同缴纳基本养老保险费"。劳动者的权利是享受社会保险待遇，其义务包括劳动的义务和缴费的义务；虽然劳动者承担缴纳社会保险费用的义务，但是与其享受社会保险待遇权利并不完全对等，社会统筹部分体现的是保险理论中的"大数法则"，实现社会共济的公平；而个人账户部分多缴多得，形成劳动者与政府养老金经办机构之间的债权债务关系，更多地体现了效率原则。养老保险个人账户部分缴费的法律关系是一种债权债务关系，与私法上的"债"具有共通的性质：均强调法定给付义务的构成要件即发生给付义务（达到退休年龄），均属于财产法性质，为特定当事人之间的财产转移，并强调法律关系的相对性。古罗马的《法学阶梯》认为："债是拘束我们根据国家的法律而为一定给付的法锁。"[1] 个人账户基金从一个人刚刚开始工作建立到其退休领取养老金，时间可能长达数十年，如果没有"法锁"为之提供切实保障，将难以想象。

　　社会保险基金征缴的"税费之争"已经延续了十多年，立法调研中各地的不同征缴主体以及审计署的集中审计中发现的问题都告诉我们：现在应当结束争论，按照《社会保险法》第59条的要求，逐步实现社会保险费征收机构的统一和业务经办机构的统一。

第三节　养老金征缴模式借鉴及监管立法

　　世界各国社会保险基金的筹集形式主要有三种：一是体现政府职责的征缴模式，以现收现付为主；二是体现雇员效率的

---

　　〔1〕 江平、米健：《罗马法基础》，中国政法大学出版社1987年版，第102页。

征缴模式，以个人账户积累为主；三是混合征缴模式。三种征缴模式的监管也不尽相同，中国作为混合征缴模式，可以借鉴其余两种模式的监管思路。

一、政府责任的代表：美国第一支柱的社会保障基金

体现政府职责的征缴模式在西方主要以开征社会保险税、费为主要形式，如美国、英国、德国、意大利、瑞典等国。社会保险税多由雇主和雇员分摊，各国的税率不一，其水平高低主要取决于社会保险的覆盖面及受益人的收益程度。当然也有通过社会保险缴费筹集的，社会保险基金由政府指定专门机构负责管理和运作，不直接构成政府财政收入，不足部分由财政专款补助。但不管是社会保险税还是社会保险费，现收现付制度体现的主要是政府的责任。

如前文所述，美国第一支柱的联邦老年、遗属和残疾保险（OASDI）由国会立法强制实施，是美国最重要的收入保障项目。该制度是全国性的，覆盖了美国约96%的劳动人口，包括私人企业中所有获得报酬的员工，其次还包括联邦公务员、非营利性宗教、慈善和教育组织的雇员、州和地方政府雇员、自我经营者、农场经营主、农场工人、家庭工人、收取小费的雇员、牧师、1957年以后服役的军人、铁路员工、国外就业员工等。联邦社保基金通过征收社会保障税来实现，税率为雇员年薪第一个9000美元的6.2%，雇主缴纳同样的比例，合计12.4%，是美国仅次于个人所得税的第二大税种，每年的社会保险也是美国联邦财政预算的最大支出项目。

根据美国社会保障署的统计，在63%的退休人口中，联邦社保基金给付占其退休收入的一半或一半以上。给付占其收入90%以上的老人有1/4。作为强制性的社会保险计划，联邦

社保基金统筹层次高，直接由联邦政府在全国范围内统筹，凡能获取工资收入者，均必须参加 OASDI 计划，并依法缴纳工薪税。目前，美国 50 个州的约 2187 个城镇或农村县都能参加 OASDI 计划，参保人员在获得第一份工作时就必须申请一个社会保障号码（SSN），联邦政府通过它跟踪工人的收入，以决定社会保障税的金额，并将积分记录在其个人账户中，以便雇员退休之后，凭借其 SSN 直接领取相应的退休金，这样美国的养老金管理和发放具有了很强的便携性，解决了养老金区域转移的问题，有利于人才的自由流动，社会保障卡由此成为美国人最重要的身份证件。

与西欧部分发达国家实行的普遍年金、普遍儿童津贴和免费医疗服务制度相比，美国现行的社会保障征缴制度呈现出以下特点：一是实行现收现付的社会保障税制度，将社会保障收支直接纳入国家预算；二是强调"自助"，主张其经费来源不像西欧国家那样部分或全部由政府提供，强调"受益人同时也是缴费者"；三是私人保险发挥重要作用，尤其是在医疗保险主要是依靠私营保险公司承担；四是实行差别化社会保障。社会保障主要倾斜于"保两头"，即保儿童和老人。当然美国的社会保障制度也是在不断改革之中，如在医保方面奥巴马政府 2010 年推出的医疗改革在覆盖率及资金投入上设立了目标值，计划在 10 年内耗资 8710 亿美元，把 94% 的美国人纳入医保覆盖范围。参议院法案首次明文规定，人人都应当享有医疗保险的权利。

根据《1983 年社会保障法修正案》，社保基金理事会由 6 个成员组成，其中 4 个成员分别为财政部长（首席托管人），劳工部长、卫生署长和社会保障署长。另外两名成员作为普通公众的代表由总统指定，经参议院批准后任期 4 年，社会保障署一名专门副署长负责处理基金的日常事务。理事会负责对联邦社保基金的收支状况进行评估，对投资进行决策和管理，每年需向国会报告社保基金的收支状况，并提出短期（10 年）和长期（75 年）基金的状况预测，根据长期预测就联邦社保基金的投资和征缴提出相应的建议。

由此可见，美国第一支柱的联邦社保基金其征缴的强制性、通过税收渠道这样的特点很值得我国在未来养老金征缴改革时参考。

二、个人账户积累制：智利模式

智利在 20 世纪 80 年代的完全市场化改革可以简单地概括为两个方面，一是建立个人账户，融资方式从传统的现收现付制转变为积累制；二是组建养老金管理公司（AFP），管理方式从传统的集中管理转变为分散化管理。智利的完全化市场改革不仅改变了制度参数，而且深刻地改变了制度性质，改革的范围涉及保费征缴、投资管理和待遇给付等多个方面。自从1981 年改革以来，智利养老保险计划的参保人数从 1981 年末的 140 万上升到 2004 年末的 708 万，增长了 580%；其中缴费人口从 1982 年的 106 万上升到 2004 年末的 357 万，上升了236%；截止到 2004 年年底，养老金资产规模累计达到 608 亿美元，相当于当年 GDP 的 67%，过去 24 年间养老基金年均增长率达到28.3%。[1]

总体而言，智利完全市场化改革基本上是成功的，在保障

---

〔1〕 上述数据分别来自房连泉：《智利社保基金投资与管理》，中国社会科学院研究生院 2006 年博士学位论文；郑秉文、房连泉："社保改革——智利模式25 年的发展历程回眸"，载《拉丁美洲研究》2006 年第 5 期；房连泉："建立国家主权养老基金——来自智利的经验启示"，载《拉丁美洲研究》2008 年第 5 期。

退休职工生活，提供充足的养老金，维护社会稳定等方面发挥了重要作用；养老基金总体上是安全的，从没发生过 AFP 公司欺骗和破产现象；同时智利的市场化改革增加了国民储蓄，推动了经济增长，促进了资本市场的繁荣和稳定，增强了国民经济活力，成为养老金融的代表性国家。特别在肇始于美国次贷危机的本轮全球金融危机中，智利的养老金经受了大风大浪的考验：在危机之初的 2007 年，智利养老金资产为 1056 亿美元，危机尾声的 2010 年增加到了 1362 亿美元。在 2009～2010年度，智利养老金增值率在 OECD 所有 33 个国家中名列第二，达到了 10%。[1]

与此同时，智利完全市场化改革也存在一些弊端，在强调效率的同时忽视了公平，诸如参保率低、分配差距加大、管理成本居高不下等问题。分散化投资管理在提高投资收益率的同时也面临着较高管理费用的问题。到 2004 年年底账户管理费用累计占养老金资产的比重大约为 23.82%，这意味着近 1/4 的养老基金资产会被管理佣金消耗掉，严重影响了养老金待遇水平的提高。智利养老金筹集制度带来的另外一个难以解决的困境就是男女不平等现象。目前智利女性 60 岁退休，而男性到 65 岁后才领养老金。女性的退休年龄较早，除了传统之外并没有什么充分的理由。女性的平均寿命更长，如果她们 60岁退休后拿养老年金或者一次付款，由于平均工资水平不如男性，加之相对男性提前了 5 年退休，个人账户中的积累额就更少。这样在未来的退休生涯中，女性的平均生活费将比男性少

---

〔1〕 参见智利养老金管理者协会官方网站第 80 期（2011 年 8 月）研究报告：Among OECD Countries, the Chilean Pension Funds areLeaders in Yield During the Period following the 2008 Crisis, see http://www.afp－ag.cl/ingles/estudios/estudios80.pdf.

得多。

为解决分配差距加大的问题，智利于 2008 年建立了社会互济养老金（Solidarity – based Pension System），引入一个"普享型"养老金支柱，也称为社会基础养老金，增加对低收入人群的扶持力度，克服终身贫困者面临的风险，以弥补完全市场改革的不足。根据智利目前的测算，大约有 60% 以上的老年穷人可以获得社会互济养老金金。[1]这样智利养老保障制度在私营养老保险支柱的基础上又增加了一项"普享型"养老金支柱。由此，智利多支柱养老保障制度改革取得了重要成果。

三、中国的混合筹集模式及其改革方向

我国目前是按照社会统筹和个人账户相结合的社会保险费征缴模式。其中社会统筹部分一般按占工资总额一定比例确定一个筹资费率（统筹率），在一定范围内由雇主和在职职工个人分担（或全部由单位负担），以社会保险费的形式缴纳，形成社会统筹基金，以此基金按规定的计发办法和标准发放保险金，该部分具有收入再分配和社会互济的功能。个人账户是由社会保险经办机构为参加社会保险的职工建立的个人保险金储备档案，按照国家规定由个人缴费和单位缴费的一定比例计入账户，累计储存，存储的本金及利息归个人所有。我国基本养老保险费率为工资的 20%（这是国务院规定的最高限额，但实际上一些地区甚至超过 30%），个人账户费率为 8%。基本医疗保险费统筹费率为 6%（有的地区达 8%），工伤保险费率 1%，失业保险费率 2.5%，生育保险费率 0.6% ~ 1%。各

[1] 参见 "Chile Congress Approves Pension Reforms for Poor"，http://www. alertnet. org/thenews/newsdesk/N16652470. htm.

项社会保险费率合计将在 30% ~40% 之间。

如前所述，社会保障税是社会保障制度与税收制度嫁接的产物。美国就是通过征收工薪税筹集社保基金的，由雇主和雇员按雇员工资的 6.2% 分别缴纳，合计为 12.4%。工薪税税收不进入国库，而是形成了独立于国库的联邦社保基金（Old - Age and Survivors Insurance and Disability Insurance Trust Funds），采取完全独立于财政收入的投资管理模式：由财政部对其发行特种国债，通过这样的手段，财政仍然可以使用这笔巨额资金用于其他财政支出，实现了社会保障制度权利和义务的一致性。中国可以借鉴美国工薪税的模式，将基本养老保险的社会统筹部分改为征收社会保障税，将来在条件许可的时候可以加上基本医疗保险、失业保险、工伤保险、生育保险，形成统一的社会保障税，实行全国统一税率。这样一方面可以实现计划很久的养老保险全国统筹，彻底消除碎片化；另一方面也可以使得统筹部分养老金的保值增值问题不再成为问题，以彻底的现收现付制度为基础，杜绝养老保险统筹部分不足的省份挪用个人账户养老金的问题。

未来即使建立了社会保障税制度，该税种和其他税种不同，应当贯彻"专税专用"的原则。税收本来属于公共财政的范畴，税金一旦缴纳，国家就可以根据自身的需要来调拨使用。然而，社会保障制度要求社会保障基金只能用于特定的用途，一旦挪作他用就可能危及社会安全，因此社会保障税的纳税人交纳的社会保险税并不直接进入国库或形成国有资产，除现收现付部分之外的结余部分，国家不能任意挪用，而应当以保值增值为目标，形成国家层面的"基本社会保险基金"，结余部分全部由财政部发行特种国债，利率完全由政府确定，消除社保基金贬值与投资失误两方面的风险。2002 年 12 月，财政部在发行第十六期记账式 2 年期固定利率附息国债时，在总额 368 亿元中面向全国社会保障基金理事会定向募集 103 亿元，向辽宁省社会保险基金定向募集 10 亿元，开了财政部针对社保基金发行国债的先例。由此可见，社会保障税应是社会保险费征缴制度的刚性化；因社会保险费征缴的缺点是强制性不够，而社会保障税的特点恰恰可以弥补强制性的不足。一般税收的缺点是国家容易挪作他用，而社会保障税的基金化使其具有特定的、明晰的产权，社会保障税使得原有的税收法律关系实现了突破。

社会保障税开征之后，由于把此前的社会保险费改为税收，其税率、纳税人、征税对象、纳税期限、法律责任等均由国家统一立法，便于国家调控。此前社会保险基金征缴管理"政出多门"，各地具体操作相差较大，中央很难进行有效调控。正是这种管理的混乱，使各地的劳动用工成本差异较大，各地、各部门往往强调自己管辖地区、管辖险种的重要性，而尽可能抬高各自的标准，从而造成碎片化和混乱。社会保障税将社会保险费的收缴纳入税收范围，以国家强制力为后盾，强制程度提高。对于欠税、漏税，税务机关除责令限期补交外，还可加收滞纳金；对于偷税、抗税还可以处以罚款；主管税务机关还可采取通知开户银行扣缴入库、吊销税务登记证、提请工商部门吊销其营业执照、提请人民法院强制执行等强制手段。由于《刑法》中有明确的"逃避缴纳税款罪"，违反税法规定的单位及个人不仅要受到行政处罚，还有可能受到刑事制裁。社会保险缴费制度尽管也体现了一定的国家强制性，但由于《刑法》中并没有"逃避缴纳社会保险费罪"，导致逃费行为定性上的含糊，强制程度明显不够。

在统筹部分改为社会保障税并实行全国统一征收之后，目前在社保经办机构征收的社会保障税应当全部移交给税务机关；而过去由税务机关征收个人账户养老保险费的省份应当把征收权移交社会保险经办机构征收。这样在社会保险征缴环节明确"税"和"费"的不同，"税"的部分实行严格的现收现付制度，不需要考虑投资资本市场的问题，真正实现全国统筹；对于个人账户养老金部分，与越来越多企业参与的第二支柱企业年金、未来的公务员和参公人员职业年金一起，通过投资资本市场来保值增值，真正达到"费改税"的目标。

四、我国现阶段社会保险基金征缴的监管立法与修法

不管是"税"还是"费"，养老金的征缴监管都非常重要。由于1999年的《社会保险费征缴暂行条例》仍然是有效的行政法规，必须按照该条例进行征缴。除了该条例，2005年国务院又发布了《国务院关于完善企业职工基本养老保险制度的决定》（国发〔2005〕38号），该决定提出要加强基本养老保险基金征缴与监管，全面落实《社会保险费征缴暂行条例》的各项规定，严格执行社会保险登记和缴费申报制度，强化社会保险稽核和劳动保障监察执法工作，努力提高征缴率。凡是参加企业职工基本养老保险的单位和个人，都必须按时足额缴纳基本养老保险费；对拒缴、瞒报少缴基本养老保险费的，要依法处理；对欠缴基本养老保险费的，要采取各种措施，加大追缴力度，确保基本养老保险基金应收尽收。各地要按照建立公共财政的要求，积极调整财政支出结构，加大对社会保障的资金投入。

在我国社会保障制度推行实施的过程中，由于一些企业经营困难、濒临破产等客观原因，确实没有能力缴纳，从而出现社会保险费征缴困难的现象。与此同时，也有一些企业是因为

社会保险意识淡漠，有意规避或者逃避缴纳社会保险费。如果在社保费缴纳上没有强制手段，社保这一强制实施的制度就难以持续发展下去，劳动者的权益就难以得到真正的保障。为了最大限度消除这一障碍，《社会保险法》第63条规定："用人单位未按时足额缴纳社会保险费的，由社会保险费征收机构责令其限期缴纳或者补足。用人单位逾期仍未缴纳或者补足社会保险费的，社会保险费征收机构可以向银行和其他金融机构查询其存款账户；并可以申请县级以上有关行政部门作出划拨社会保险费的决定，书面通知其开户银行或者其他金融机构划拨社会保险费。用人单位账户余额少于应当缴纳的社会保险费的，社会保险费征收机构可以要求该用人单位提供担保，签订延期缴费协议。用人单位未足额缴纳社会保险费且未提供担保的，社会保险费征收机构可以申请人民法院扣押、查封、拍卖其价值相当于应当缴纳社会保险费的财产，以拍卖所得抵缴社会保险费。"

由于《社会保险法》的法律位阶高于《社会保险费征缴暂行条例》，法律的强制性规定强化了用人单位缴纳职工社会保险费的义务，并规定了对用人单位拒不缴纳可以采取的强制措施。考虑到在全国大约一半的省份中，地方税务部门已经是社会保险费征缴主体，其他省份的社会保险经办机构在征缴体制没有完全理顺之前，根据《社会保险法》的规定也实际上获得了在征缴领域类似于税务部门的权限，关键是看征缴中的执行力度了。

在征缴领域中，统筹层次太低也造成了征缴的困难。目前，除基本养老保险基金多数地方做到省级统筹外，其他四项社保基金的统筹层次很多还处于县市一级，全国共有1万多个相对独立的社保基金主体。所以，必须逐步提高统筹层次，整合相关机构，才能发挥整体优势，降低运行成本，使征缴效率得以提高。

　　在具体征缴监管工作中，需要社会保险各有关行政部门、司法部门的密切配合，以清理回收各类参保单位的欠费。对欠费大户可以实行欠费认证制度，通过工商、税务、审计等部门的配合，真正摸清欠费单位的"家底"，在认证欠费的基础上组织回收。在欠费企业破产清算过程中，确保社会保险费的优先清偿，以保障破产职工的权益。在企业改制过程中，各地均不同程度地收回了一些企业资产，以抵顶欠缴的养老保险费（包括破产企业为退休人员预留养老金而划出的资产）。这些尚未变现的资产随着时间的推移会有损失，应当进行认真清理、评估，尽快变现并全额划入当地社会保险基金财政专户，以完善社会保险费的征缴。

第六章

养老金投资运营阶段的监管及其立法

由于养老金的运营往往伴随劳动者整个职业历程，可能长达数十年，因而成为监管的重点。从第一章、第二章的理论综述中可以看到，养老金在运营中的两种监管规则中，审慎人规则相对于严格数量限制规则的基金收益率更高，而成本更低。但考虑到中国资本市场的不成熟，同时由于中国长期的大陆法系传统，在目前的情况下实施审慎人规则的条件尚不成熟，不得不采用严格数量限制规则。因此，本章中对养老金投资运营阶段监管的重点，就放在如何确定不同投资工具数量限制的比例。

第一节 投资组合理论与
资本资产定价模型

从前几章英美等发达国家养老金投资监管的经验可以看出，养老金的运营一直处在整个养老金监管体系的核心。如果运营不当，整个养老金体系就有可能崩溃。中国养老金运营目前刚刚开始，必须有坚实的理论基础、规范的运营规则，方能够确保其良好运营。而资本市场的基础理论——投资组合理论虽然只有短短 60 年的历史，却在养老金投资运营中居功甚伟，可以为中国的养老金运营奠定理论基础。

养老金的社会保障功能决定了其投资原则的排列顺序是：安全性、收益性、流动性，即在保证基金安全的基础上提高养老金的收益率，同时保证其流动性需要。根据资产选择理论，所有资产都具有风险和收益的两重性。在一个资产收益不确定的市场中，资产的期望收益将与风险密切相关。一般情况下，资产的风险程度越高，为了补偿其持有所存在的潜在风险，其收益必须相应高于风险低的资产。作为理性的投资者由于风险规避的考虑，亦即资产的风险越大，为诱使投资者持有该资产的预期收益率不得不越高。在正常条件下，基金管理人在不同的风险水平和预期收益之间进行权衡，其目标是在风险既定的条件下尽可能达到最高的收益率，或者在既定收益率的条件下尽可能降低风险。

一、资本资产定价模型

在养老金实际的投资组合中，由于政府监管的要求和安全性的原则，有相当大一部分是投向"无风险"的资产，另外一部分投向风险资产。常用于确定投资的最优证券组合的模型之一是资本资产定价模型（capital asset pricing model, CAPM）。CAPM 是从一种特定的效用函数入手，亦即财富随机分配的效用仅仅依赖于期望收益值和方差（标准差的平方）。风险回避意味着期望效用增加是好事，而方差（风险）的增加是坏事。每一种证券在市场证券组合的标准差中所占份额依赖于它与市场证券组合间协方差的大小，投资者由此会认为具有较大标准差值的证券在市场证券组合风险中占有较大份额，在市场均衡时，该证券应该得到的风险报酬就会越大。这表明所有资产都具有风险和收益的两重性：资产的风险程度越高，为了补偿其持有所存在的潜在风险，其收益也必须相应高于风险低的资产。风险资产的价值本质上依赖于作为该资产补充或替代资产的其他风险资产的存在与否，一种资产的价值最终依赖于它与其他资产的协同变动。

假设证券市场总的预期收益为 $E(R_m)$，作为风险衡量指标的标准差为 σ_m，R_0 代表无风险收益率，$[E(R_m) - R_0]$ 代表了风险报酬。根据微观经济学的一般假设，它是消费者由于推迟消费而取得的潜在收益。此时，证券 i 的预期收益和风险之间的数学关系可以表述为：

$$E(R_i) = R_0 + \frac{[E(R_m) - R_0]}{\sigma_m^2} = \sigma_i \qquad (6.1)$$

式（6.1）代表具有截距 R_0 和斜率 $\dfrac{E(R_m) - R_0}{\sigma_m^2}$ 的一条直线，亦即预期收益率 $E(R_i)$ 与标准差 σ_i 之间的关系是线性的，CAPM 的这个线性有效集合称为资本市场线（capital market line，CML）。由于投资组合的风险报酬 $[E(R_m) - R_0]$ 总是正的，亦即资本市场线 CML 通常总是向上的，具有较大 σ_i 的证券的定价应该产生较大的预期收益率。因此，CML 的斜率和截距分别代表风险的价格和时间的价格，在本质上揭示了均衡条件下证券市场的基本特征，养老金的管理人可据此在 CML 上找到由各种无风险和有风险证券构成的证券投资组合。

鉴于系统风险无法消除这一事实的客观存在，当政治经济环境的变化导致证券市场面临重大调整时，投资组合将面临重大损失。例如，在 2008 年的全球金融危机中，各国养老金投资都损失惨重：全球养老金总资产从 2007 年底的 34.77 万亿美元，下降到 2009 年初的 29.88 万亿，损失了 5.5 万亿美元，其中自愿性的私营养老金大约损失了 5.2 万亿美元，强制性的公共养老金缩水 8.4%，持股比重越高者损失就越大。因此，养老金管理人必须通过某些途径来规避或弱化证券投资组合的系统风险，其中丹麦堪称为典范：由于对金融危机反应迅速，丹麦通过资产分散化、出售外币并购入 30 年期丹麦政府债券来分散国际金融危机的冲击，同时通过对冲操作、商品类（主要是石油）投资收益，使得丹麦在社保基金实行市场化投资策略的国家中业绩最佳。[1]

　　一般来说，基金管理人不同的投资目标及组合策略的不同，系统风险会有较大差别；基金的投资目标越富有进取性，其投资组合的系统风险也就越大。基金可以利用投资组合的系统分析，在投资组合的风险承受标准和投资收益预期这两个辩证作用的因素之间寻找自己的平衡点，通过修订证券组合资产及其比例，达到所期望的平均系统风险水平，亦即追求既定风险情况下的收益最大化，或者追求收益既定情况下的风险最小化。

　　国际金融危机提供了实践层面的经验教训，而资本资产定价模型 CAPM 可以成为中国养老金投资资本市场的重要理论参考。中国股票市场的历史自 1990 年 12 月创办以来只有短短的 22 年的历史，而且在初创阶段非常不规范、不稳定，但随着中国成为全球第二大经济体，中国的资本市场将来具有巨大的发展空间。由于深圳证券交易所自 2000 年起停止了主板的新股发行，故选择上海证券交易所的上证综合指数作为研究样本。该指数涵盖了交易的所有 A 股、B 股，基本上可以代表中国股票市场。这里以上海证券交易所公布的上证指数作为股票的代表来进行分析，其他投资工具选择三年期国债和一年期银行定期存款。在不同的投资组合中以期望收益率作为收益指标，以收

---

　　[1]　郑秉文："金融危机对全球养老资产的冲击及对中国养老资产投资体制的挑战"，载《国际经济评论》2009 年第 9、10 期。

益率的标准差作为风险的衡量指标，进行具体数据的实证研究。

二、中国金融市场的投资工具

假设上海证券交易所 1990 年底创立时即同时就设立了"上证综合指数基金"，该基金完全拟合上证综合指数所包括的所有股票。自 1991 年起到 2010 年底止，尽管有 1991～1992 年股市最初设立时 100% 以上的收益、有 1996 年和 2000 年 50% 以上的收益、有 2006 年 130% 的收益，也有 1993～1994、2001～2002 年间 15%～20% 的严重亏损，甚至有 2008 年 65% 的巨幅下跌。对这 20 年间的收益率进行算术平均为 30.22%，这是一个相当高的数值，但收益率的波动巨大，经笔者计算的预期收益的标准差高达 62.23%，表现出新兴市场高度波动的特点。而同期三年期国债、一年期银行存款的收益率及风险度量的标准差就小多了，见下表。

表 6.1　1991～2011 年间上证指数基金、国债、
银行存款的收益－风险情况

年　份	上证指数	三年期国债	一年期银行存款
1991	129.41%	10.00%	10.08%
1992	66.57%	9.50%	8.82%
1993	6.84%	13.96%	12.24%
1994	-22.30%	13.96%	12.24%
1995	-14.29%	14.00%	10.98%
1996	65.14%	13.06%	7.47%
1997	30.22%	9.18%	5.67%
1998	-3.97%	7.11%	3.78%
1999	19.18%	3.51%	2.25%

年　份	上证指数	三年期国债	一年期银行存款
2000	51. 73%	2. 89%	2. 25%
2001	− 20. 62%	2. 89%	2. 25%
2002	− 17. 52%	2. 21%	1. 98%
2003	10. 27%	2. 32%	1. 98%
2004	− 15. 40%	2. 74%	2. 07%
2005	− 8. 33%	3. 33%	2. 25%
2006	130. 43%	3. 20%	2. 52%
2007	96. 66%	4. 40%	4. 14%
2008	− 65. 39%	5. 61%	2. 25%
2009	79. 98%	3. 17%	2. 25%
2010	− 14. 31%	3. 68%	2. 75%
2011	− 32. 89%	3. 87%	3. 50%
平均收益率	27. 21%	6. 41%	4. 94%
标准差	62. 20%	4. 34%	3. 71%

数据说明：上证综合指数来源于上海证券交易所历年公开的年度收盘值；算术平均收益率及标准差根据各自的数学定义由作者计算得出。国债利率：根据财政部当年发行的多期国债数据加权平均计算；一年期银行存款利率：根据中国人民银行历年公布的资料以当年年底时的数据计入。年均收益率、收益率标准差的数据由作者根据其数学定义进行计算。

从表 6.1 的计算数据可以看出：不管起始年份如何，在三种投资工具中，以上证指数基金为代表的股票收益率最高，与此同时，股票投资的风险（以收益率的标准差作为度量）也最高，远远高于国债和银行存款。这一方面是股票本身固有的风险，另一方面，中国作为新兴的股票市场，波动远远高于成熟市场，收益率的标准差超过 40%。而美国的道·琼斯指数收益率的标准差在近几十年来很少超过 20%，自 1990 年之后更是经常保持在 10% 以下。建立于 1985 年 2 月 1 日的纳斯达克 100 指数虽然被公认为是美国波动性最高的股市主要指数，但自建立以来也从未超过 28%。中国股票市场过于剧烈的波动，使投资者如惊弓之鸟，时常造成严重的投资损失。假设投资上证指数基金，1995 年亏损超过 14%，2001 年亏损超过 20%，2008 年亏损更是高达 65.39%。如此的巨大亏损，与基金安全性第一的原则不符，养老金资产不能完全投资股票的原因主要就在于此。

从表 6.1 还可以看出：国债的收益率和风险介于股票和银行存款之间，但更接近银行存款，由于国债和银行存款均属于固定收益的投资工具，且 1996 年以来的 8 次降息同时引发国债发行利率和实际交易利率的走低，二者的下降趋势是相同的：在 1991~2011 年间，二者收益率变化的相关系数达 94.6%，说明二者收益率的走势密切相关，亦即在投资组合中二者的不同比例组合并不能很好地获取更高的收益率，也不能有效地规避风险，因此银行存款主要是作为满足流动性要求而参与投资组合的。国债和银行存款标准差的走低和收益率的走低是同步的，养老金如果仅仅投资于国债和银行存款，其收益性原则无法体现。2006 年曝光的社保基金案件，最主要的客观原因就是单纯投资于国债和银行存款收益率太低，养老金的管理者冒险投资房地产开发、委托理财等，客观上是为了寻求高出国债和银行存款的投资回报。

可以预计，在中国未来的经济发展中，资金这一重要的生产要素将逐渐由原来的短缺走向平衡甚至过剩，近年来这种趋势已经初露端倪：一方面是外资的大量涌入，联合国发布的

《2010 年世界投资报告》显示自 2009 年起，中国成为仅次于美国的第二大吸收外资国；另一方面是民间财富急剧增加，2010 年中国个人总体持有的可投资资产规模达到 62 万亿人民币，较 2009 年末同比增加约19%。[1]利率作为资金的价格，在资金大量增加、社会财富涌流的情况下，实际利率很难有较大幅度的提高，作为与银行存款利率密切相关的债券利率，也同样受到制约。同时，随着中国经济融入世界经济体系程度的加深，国内的利率水平不可能与国外相差太多，而是保持基本均衡。在全球金融危机之后，在可以预见的将来，国际利率将继续保持在相对较低的水平。在这种情况下，养老金投资股票是为了满足收益性原则而不得不冒一定程度风险的理性行为。关键的问题是：基于过去 22 年中国资本市场发展的经验数据，按照严格数量限制规则，养老金应当投资股票的比例是多少呢？

第二节　养老金投资组合的
收益－风险实证分析

一、中国金融市场上的投资组合

按照马克威兹（1952）的投资组合理论，将不同品种的投资工具进行组合，可以降低投资风险。由于中国不同股票间价位的变化具有较强的相关性，经常出现个股随市场大势呈现齐涨齐跌的现象，这就意味着“个股选择”的重要性较低，

---

〔1〕 招商银行及贝恩公司："2011 中国私人财富报告"，参见招商银行官方网站：http://images. cmbchina. com/cmbcms/201104/8e0597fb－dd78－4a49－a128－99aa80c4ef0e. pdf.

仅仅对股票进行投资组合很难分散风险。而从表 6.1 可以看出，以整个上证指数基金作为股票与国债、银行存款之间相关系数很小，可以认为是相对独立的。鉴于这种情况，将上证指数基金投资的比例从 0～100% 与国债和银行存款进行投资组合，并分别计算出每个投资组合的期望收益率、标准差，从量化的角度来判定各种投资组合的收益－风险情况。这样的不同投资组合基本上可以涵盖基金投资不同工具的组合情况，从而可以实证判断养老金的收益－风险。各投资组合数据见下表：

表 6.2　不同的投资组合收益－风险数据计算

上证指数	三年期国债	一年期银行存款	投资组合期望收益率	投资组合标准差
0%	0%	100%	4.94%	3.71%
0%	100%	0%	6.41%	4.34%
5%	90%	5%	7.38%	8.44%
10%	85%	5%	8.42%	10.72%
15%	80%	5%	9.46%	13.63%
20%	75%	5%	10.50%	16.74%
25%	70%	5%	11.54%	19.86%
30%	65%	5%	12.58%	22.92%
35%	60%	5%	13.62%	25.90%
40%	55%	5%	14.66%	28.80%
45%	50%	5%	15.70%	31.61%
50%	45%	5%	16.74%	34.35%
60%	30%	5%	18.50%	39.08%
70%	20%	5%	20.58%	44.47%

上证指数	三年期国债	一年期银行存款	投资组合期望收益率	投资组合标准差
80%	10%	5%	22.66%	50.05%
90%	5%	5%	25.06%	56.08%
100%	0%	0%	27.21%	62.20%

数据说明：上证指数基金的比例在30%以下所取数据样本较多，40%以上所取样本数量较少，主要是基于养老金安全性的考虑。表中第一、二行和最后一行表示只投资于单一品种。银行存款在非单一品种的投资组合中比例均为10%，组合的不同主体体现在上证指数基金和国债之间比例的此消彼涨。投资组合的预期收益率和标准差按照其数学定义平方计算。

根据表6.2中的预期收益和标准差的两组数据，可以利用最小二乘法进行数学回归，求出资本市场线 CML 的斜率和截距，得出具体数值并将该方程描绘在图4中。对于1991～2011年间的数据，利用数学回归得出的 CML（1991～2011）方程为：

$$E(R_{1991\sim 2011}) = R_0 + \frac{[E(R_m) - R_0]}{\sigma_m^2}\sigma_i = 5.52\% + 0.4004\sigma_i$$

(6.2)

该方程即为1991～2011年间上证指数基金、三年期国债和一年期银行存款进行投资组合的资本市场线的方程。该方程表明：在此期间的所谓"无风险投资"利率为5.52%（即图中资本市场线的截距），表明在1991～2011年间的总体利率是比较高的，主要原因在于1997年多次降息以前较高的银行存款和国债利率。资本市场线的斜率为 $\frac{E(R_m) - R_0}{\sigma_m^2} = 0.4004$，

是有效证券组合的风险市场价格增长率，它给出了在 1991 ~
2011 年这 21 年间收益 – 风险的一个近似数据判断，即作为风
险度量的标准差每增加 1%，可以获得 0.4004% 的预期收益增
加；反之，要想在"无风险投资"利率 5.52% 的基础上每增
加 1% 的收益率，则面临着 2.5%（即 1/0.4004）的标准差增
加。这样就为养老金参与资本市场进行投资组合提供了一个收
益 – 风险的重要参考指标。为检验相关的预期收益和标准差数
据是否有效拟合，可以求出这两组数据的相关系数为 0.9963，
表明中国资本市场上股票、国债和银行存款这三类投资工具的
投资组合几乎完全符合资本资产定价模型，这可以从得出的资
本市场线 CML 可以有效覆盖大部分数据点得到直观的反映。

二、中国金融市场投资风险 – 收益的基准

在如何确定养老金投资股票的比例这样一个重大问题的决
策上，可以根据上述投资组合方程来进行测算。从表 6.2 中的
数据可以看出：随着投资组合中上证指数基金（亦即投资于
股票）比例的上升，投资组合的期望收益率和标准差（风险）
也相应也上升。与此同时，这些数据也体现了投资组合分散风
险的特征。较低比例（10% 以下）的投资股票，预期收益的
标准差在 10% 以下，可以认为风险程度较小，是养老金完全
可以承受的，不违背养老金投资安全性的原则；逐步增加养老
金投资股票的比例，当投资组合中股票比例达到 20% 时，其
标准差达到 12.88%；当投资组合中股票比例达到 40% 时，其
标准差达到 25.01%。

这样的风险水平是否可以接受呢？可以选择资本市场最发
达的美国作为参照系。扣除通货膨胀因素，美国二战以后
1946 ~ 1995 年的 50 年间，标准普尔 500 种股票指数收益率为

7%，收益率的标准差为 16.6%，同期所罗门兄弟 AAA 级债券的收益率为 3.3%，收益率的标准差为 10.4%。如果按照 60% 股票：40% 债券的比例进行投资组合，该组合的收益率为 5.9%，标准差为 12.5%。这样的收益率和风险表明了美国长期投资的状况：股票收益是债券的 2 倍左右，而标准差是 1.5 倍左右。

如果以美国 50 年间所罗门兄弟 AAA 级债券的收益率标准差 10.4% 作为参考标准，可以认为中国的资本市场投资组合中股票比例在 10% 以下时都是相对安全的。同时考虑到中国养老金进入股票市场是循序渐进的，亦即从较低的比例逐步增加，可以这样认为：随着调整投资组合中投资于股票市场的比例逐步上升到 20%，其标准差与美国 60% 股票 + 40% 债券投资组合一致，这一风险水平是可以接受的。同时，中国养老金投资股票的比例在可以预见的将来应该限制在 40% 以下，此时的标准差为 25% 左右，已经很高，超过了同期美国标准普尔 500 指数的标准差（19%），接近以高波动著称的 NAS-DAQ100 指数。设定投资股票比例 40% 的上限，主要是防范新兴市场的不稳定性所带来的潜在风险，确保养老金的安全。

预计到 2030 年前后，我国 60 岁以上的老龄人口将增至 4 亿左右，相当于现在欧盟 15 国的人口总和，养老金积累也将达到万亿元。如此庞大的养老金资产如果不投资同样庞大的股票市场，无论对养老金还是对股票都将是不可想象的。只有投资于上市公司这样中国优秀企业的代表群体，才可以分享经济发展带来的成果，才能提高养老金的收益率，为未来的养老金受益人提供较高的回报。

第三节 养老金投资海外市场

对于中国这样的新兴市场国家来说，改革开放之初大量招商引资，有限的国内资金不可能投资海外市场。随着中国经济的高速发展，目前已经成为全球最大的外汇储备经济体，也逐步具备了海外投资的能力。2009 年，中国是全球第二大外资直接流入国，同时也是全球仅次于美国、法国、日本、德国之后的第五大资金流出国。[1]因此，对养老金投资而言，虽然现在尚无海外投资的计划，但为了分散单一投资国内资本市场的风险，也应当研究投资海外市场的问题。

一、海外不同证券市场的风险－收益

目前全国社保基金理事会已经可以投资海外市场，《全国社会保障基金境外投资管理暂行规定》第 14 条规定，全国社保基金境外投资的比例，按成本计算，不得超过全国社保基金总资产的 20％。虽然目前普通养老金尚无投资海外市场的法律、法规，但考虑到金融市场全球化的进展将超出几乎所有人的预料，未雨绸缪，必须研究养老金投资海外市场的问题。这里假定养老金投资海外市场主要是海外股市，选取比较成熟的美国标普 500 指数、香港恒生指数、英国金融时报 FT100 指数作为备选标的进行比较，见下表：

---

〔1〕 联合国贸易和发展会议：《2010 年世界投资报告》，载 http://unctad. org/en/docs//dom2011d1＿ en. pdf.

表 6.3 四个主要股票指数在 1991～2011 年间的
年度收益率、标准差以及其相关系数

年 份	上证指数	标普 500 指数	香港恒生指数	伦敦 FT100 指数
1991	129.41%	26.31%	42.11%	16.31%
1992	166.57%	4.46%	28.28%	14.18%
1993	6.84%	7.06%	115.67%	20.09%
1994	−22.30%	−1.54%	−31.10%	−10.32%
1995	−14.29%	34.11%	22.98%	20.35%
1996	65.14%	20.26%	33.53%	11.63%
1997	30.22%	31.01%	−20.29%	24.69%
1998	−3.97%	26.67%	−6.29%	14.55%
1999	19.18%	19.53%	68.80%	17.81%
2000	51.73%	−10.14%	−11.00%	−10.21%
2001	−20.62%	−13.04%	−24.50%	−16.15%
2002	−17.52%	−23.37%	−18.21%	−24.48%
2003	10.27%	26.38%	34.92%	13.62%
2004	−15.40%	8.99%	13.15%	7.54%
2005	−8.33%	3.00%	4.54%	16.71%
2006	130.43%	13.62%	34.20%	10.71%
2007	96.66%	3.53%	39.31%	3.80%
2008	−65.39%	−38.49%	−48.27%	−31.33%
2009	79.98%	23.45%	52.02%	22.03%
2010	−14.31%	12.78%	5.32%	10.09%
2011	−32.89%	0.00%	−19.97%	−6.46%
平均收益率	27.21%	8.31%	15.01%	5.96%

年　份	上证指数	标普 500 指数	香港恒生指数	伦敦 FT100 指数
标准差	62.20%	18.63%	38.52%	16.04%
		上证－伦敦	上证－标普	上证－恒生
相关系数		43.57%	34.99%	46.31%
		恒生－标普	恒生－伦敦	标普－伦敦
相关系数		49.82%	67.23%	90.63%

数据来源：根据各指数的官方网站查询其年度收盘值计算出当年收益率，平均收益率和标准差按照数学定义计算。

从表 6.3 可以看出，在四个指数中，标普 500 和伦敦 FT100 之间的相关系数 90.63%，表明其高度相关性。标准 500 指数是全球基金经理最为关注的指数之一，同时它和上海综合指数 SCI 之间的相关系数仅 34.99%，在四个指数中相关性最低，因此，标普 500 指数是可以最大程度地消除养老金单纯投资中国国内股票市场风险的最佳选择。

基于养老金流动性的考虑，同时也为了便于和上一节投资国内市场的状况进行比较，在包含国际投资的组合中仍然选取三年期国债、一年期银行存款作为组合对象。股票投资按照 SCI 占 60%、标普 500 占 40% 的比例参与投资组合，可以得出如表 6.4 的投资组合结果：

表 6.4　包含国际股票的不同的投资组合收益－风险数据计算

上证比例	标普 500 比例	三年期国债	一年期银行存款	投资组合期望收益率	投资组合标准差
0%	0%	0%	100%	4.34%	4.94%
0%	0%	100%	0%	4.42%	6.41%

上证 比例	标普500 比例	三年期 国债	一年期 银行存款	投资组合 期望收益率	投资组合 标准差
3%	2%	90%	5%	5.53%	7.00%
6%	4%	85%	5%	7.08%	7.66%
9%	6%	80%	5%	8.85%	8.32%
12%	8%	75%	5%	10.72%	8.98%
15%	10%	70%	5%	12.65%	9.65%
18%	12%	65%	5%	14.63%	10.31%
21%	14%	60%	5%	16.62%	10.97%
24%	16%	55%	5%	18.63%	11.63%
27%	18%	50%	5%	20.65%	12.29%
30%	20%	45%	5%	24.71%	12.96%
36%	24%	30%	5%	28.80%	13.96%
42%	28%	20%	5%	32.90%	15.28%
48%	32%	10%	5%	37.01%	16.61%
54%	36%	5%	5%	41.12%	18.25%
60%	40%	0%	0%	41.21%	19.65%

数据说明：股票中上证指数基金占60%的比例，标准普尔500指数占40%的比例，其余计算均按照表6.2进行。

二、养老金投资海外市场的风险－收益评估

我们发现，经过引入标普500指数之后，投资组合的预期收益率和标准差都大大下降了。预期收益率的下降主要原因是标普500在1991～2011年间低于上证指数，而标准差的下降

则意味着风险的释放，即如果中国的养老金投资以标普 500 为代表的国际股票市场的话，可以使投资风险比单纯投资国内股市下降 1/3 以上。

同样地，根据表 7.4 中的预期收益和标准差的两组数据，可以利用最小二乘法进行数学回归，求出引入海外市场之后的资本市场线 CML 的斜率和截距，得出具体数值并将该方程描绘在图 2 中。利用数学回归得出的 CML（1991～2011）方程为：

$$E(R_{1991\sim 2011}) = R_0 + \frac{[E(R_m) - R_0]}{\sigma_m^2}\sigma_i = 5.46\% + 0.3976\sigma_i$$

$$(6.3)$$

该方程和单纯投资国内市场的方程（6.2）相差不大，即作为风险度量的标准差每增加 1%，可以获得 0.3976% 的预期收益增加；同样地，要想在"无风险投资"利率 5.46% 的基础上每增加 1% 的收益率，则面临同样大约 2.5%（即 1/0.3976）的标准差增加。

通过引入标普 500 指数的实证分析可以看出：养老金部分投资海外资本市场之后，收益－风险之间的相对比例关系并无大的变化，最为重要的区别是投资组合的预期收益率和风险度量的标准差都基本同比例下降，这充分体现了分散投资的优势。从这个意义上来说，未来中国的养老金投资资本市场之时，可以考虑海外投资，以降低单一投资国内市场的风险。

基于投资组合的资本资产定价模型，个人账户养老金当然可以而且必须投资以股票为代表的资本市场。通过本章的数据分析可以看出：尽管中国的股票市场是新兴市场，但假设养老金投资中国的资本市场，其投资组合的收益－风险结果仍然符合资本资产定价模型。由于时间段选择的不同，得出的参数如无风险利率、资本市场线斜率也会不同，但收益－风险呈线性关系这一点是相同的，可以给不同的投资组合提供一个重要参考指标。

从世界范围内资本市场长期发展的总体趋势和历史经验来看，股票市场尽管有下跌的风险存在，但正如同经济发展是总体上升的一样，股票市场也是总体上升的，中国股市收益率与国债、银行存款之间的差距将进一步拉大，如果养老基金仅仅投资国债和银行存款，过低收益率的风险不言而喻，而一定程度地参与股票市场可以享受经济发展带来的成果，同时可以避免过低收益和通货膨胀两方面的风险。

根据《社会保险法》第69条，未来的养老金投资资本市场已经势在必行。基于中国长期的大陆法系传统，同时考虑到中国资本市场属于新兴市场，在涉及养老金投资方面的法律、法规尚不健全，为确保养老基金的安全，未来的《社会保险基金监督管理条例》应当对养老金投资股票进行严格的数量限制，在初期可以限制在投资股票20%以内，随着资本市场的发展、相关法律法规的完善，可以在未来的修法中逐步放松养老金投资股票的限制，例如可以将投资股票的比例增加到40%～50%，甚至更高。

随着中国改革开放政策的进一步深化，在大量中国企业走出国门进行海外投资之时，养老金投资也应当考虑投资海外市场。投资标准普尔500种工业股票的实证数据分析表明：养老金进行海外投资可以对冲单纯投资国内市场的风险，即利用不同国家（地区）股票市场之间涨跌不一致的状况，通过不同国家的投资来降低投资单一市场风险。初期可以选择相对比较熟悉的香港市场，将来应当更广泛地投资不同海外市场，进一步分散风险。目前，全国社保基金已经有了好几年投资海外的

实践经验。2011 年，全国社保基金收到境外转持国有股 42.43
亿元，自 2005 年执行境外国有股减持改转持政策以来，累计
转持境外国有股 542.79 亿元，占全部资产的6.26%。[1] 从全
国社保基金的经验来看，养老金投资海外市场绝非洪水猛兽，
而是为了对冲单纯投资国内市场风险的理性行为。

从更远的将来考虑，可以借鉴英美普通法系中养老金监管
的"审慎人"规则，借鉴英国的系列养老金法案以及美国的
《雇员退休收入保障法案》，由中国的最高立法机关颁布《养
老保险法》，制定养老金投资资本市场的基本方略，放松养老
金投资股票方面的限制，使养老金逐步成为中国资本市场中最
为重要的机构投资者，一方面促进中国资本市场的健康发展，
另一方面，养老金融的大发展可以真正实现养老金的保值
增值。

三、养老金投资的具体建议和监管立法理念

从上述实证分析数据来看，由于养老保险个人账户具有
"未来返还"的特征，时间长达数十年，必须投资资本市场才
能保值增值，在养老金的运营阶段，监管立法应当首先体现私
法上的债权债务关系和经济学中的委托—代理关系，即养老保
险缴费人是债权人和委托人，国家是债务人，基金管理人是受
托人。既然国家立法强制性地要求养老金受益人缴纳养老保险
费，就必须为养老金未来的保值增值承担最后债务担保人的角
色。《社会保险法》第 13 条规定：基本养老保险基金出现支
付不足时，政府给予补贴。这一规定体现了国家作为养老金债
务人的角色，而体现运营阶段对养老基金管理人监管的立法，

---

〔1〕 数据来源于全国社保基金理事会 2012 年报，详见其官方网站：http://
www. ssf. gov. cn/cwsj/ndbg/201206/t20120618_ 5601. html.

主要是考核其保值增值的绩效，资本资产定价模型所给出的数据可以作为对基金管理人的基本评价标准。

在目前的中国养老金体制之下，可以投资股市的养老金应当也只能是个人账户养老金。和现收现付的社会统筹养老金不同，由于需要数十年的积累，个人账户养老金可以和企业年金、职业年金一样，通过投资资本市场来保值增值，核心是如何运营。谁来负责个人账户养老金的投资运营呢？全国社保基金理事会、人力资源和社会保障部、地方经办机构各有所长：全国社保基金理事会有长达 10 年的经验，有专业投资运营管理队伍，成绩斐然，且曾经代理一些省份运营由中央财政补充的个人账户养老金；人社部有遍布全国的组织体系和经办机构体系，具有无可比拟的组织资源和人力资源；地方社保基金经办机构熟悉地方情况，可以实现更当地化的服务，且多个运营主体能够实现一定程度的竞争，从而促进全行业的发展。但三方面都有自己的弱点：全国社保基金理事会已经承担了国家养老金战略储备的任务，近期内只收不支，如果再承担个人账户养老金的管理显然任务太重，投资目标也不匹配；人社部作为政府机关直接做投资存在着法律、法规上的障碍；地方社保基金管理部门投资经验、人才都比较缺乏，存在着受地方领导影响进行投资决策的风险。

基于此，综合三方面的优点，为避免三者的不足，最佳的投资、监管模式应当是：中央政府组建统一的投资平台，以省级经办机构为主体参与投资运营。中央政府统一的投资平台可以借鉴英国的做法。从第二章英国的经验可以看出：英国政府为养老金投资提供了国家资助的低成本养老金储蓄投资平台——国家职业储蓄信托（National Employment Savings Trust），2012 年 10 月正式开始具体投资运营，收取的管理年费率仅为 0.3%，可以为中国提供很好的借鉴。我国可以由人力资源和社会保障部、全国社保基金理事会、中投公司等有金融投资监管经验的相关部门，共同组建中国的"国家个人账户养老金信托投资中心"，以省级社会保险经办机构为参加单位，将各省的个人账户养老金委托该中心投资。这样的好处是充分发挥各方面的积极性，避免地方政府干预养老金投资，同时又形成和全国社保基金理事会适度的竞争与合作。

早在 2005 年国务院就发布 38 号文，提出国家将制定个人账户基金管理和投资运营办法，但此后却并未有下文。根据目前的情况，借鉴《全国社会保障基金投资管理暂行办法》，亟须根据《社会保险法》专门配套颁布《养老保险个人账户基金投资管理办法》，以规范养老金的投资运营。需要指出的是，该办法的投资限制应当比全国社会保障基金更为宽松，应当包括海外投资、金融衍生品、商业房地产等，以对冲潜在的投资风险。国家个人账户养老金信托投资中心在选择投资管理人的过程中，同样可以借鉴全国社保基金理事会的成功经验，通过招投标在全球选择合格的投资管理人，通过中国越来越庞大的个人账户养老金在全球的投资，迎接全球最大的"银发浪潮"，保障每个普通中国公民的未来。

第七章

养老金发放阶段反欺诈监管及其立法

前几章我们分析了养老金筹集、运营阶段的监管与立法，本章将集中研究养老金发放阶段的监管立法。在实践中，养老金领域的被监管者，如基金管理人、养老金领取人和养老金的监管者之间，由于利益冲突，在基金监管中的表现差异很大，经济学中博弈论的引入可以从被监管者的角度来弥补简单从监管者的角度出发进行分析的不足。

第一节 养老金反欺诈博弈
理论及模型构建

在实际工作中，养老金领取者往往去世后很久，其亲属仍然冒领其养老金；而在医疗保险领域的欺诈行为则更普遍，如替他人报销医药费、利用医保卡购买化妆品、日用品等。[1]在我们的立法调研、国家审计署 2006 和 2012 年的两次社保基金专项审计中发现的诸多社会保险欺诈行为（参见第三章）更是触目惊心。虽然有《社会保险费征缴监督检查办法》、《社

---

〔1〕 这样的案例在全国非常多，如安徽省医保中心 2005 年一季度查处 92 起"骗保"行为，核减 30 多万元。参见何聪："骗保频发 凸显医保机制漏洞"，载《人民日报》2005 年 7 月 28 日；夏友胜："药店违法刷卡做起化妆品生意 张仲景大药房商城路店涉及违法金额 11 162.88 元"，载《东方今报》2007 年 9 月 10 日。

会保险稽核办法》等一系列行政法规和部门规章来规范社会
保险欺诈行为，但社会保险反欺诈缺乏系统的法律依据，对社
会保险领域新出现的涉及欺诈、冒领等问题，特别在数额不大
的情况下，很难用法律来解决。由此可见，社保基金领域的反
欺诈更多的是现实社会实践对理论研究提出的要求。

一、博弈论理论的引入

博弈论主要运用数学方法来解释人类行为，其核心思想几
乎涉及经济学的所有领域，西方经济学的经典教科书几乎全部
都引入了博弈论的分析方法。与此同时，博弈论在心理学、生
物学、行为科学、人工智能技术等领域都取得了成功应用。
2007年度诺贝尔经济学奖获得者、芝加哥大学的迈尔森教授
（Myerson，1999）甚至认为，纳什均衡应该成为所有社会科学
的共同分析工具，这一概念的提出堪与生物学中 DNA 的双螺
旋结构发现相媲美。[1]法学领域引入博弈论的分析方法以美国
芝加哥大学法学院院长道格拉斯·拜尔等所著《法律的博弈
分析》[2]为重要标志，这是传统法学在继波斯纳"法律的经
济分析"之后法学方法论的又一次革命。

根据博弈论的一般假设，博弈参与者都是理性的经济人，
即在博弈中都是在一定约束条件下以自身利益最大化作为目
标。个人效用函数不仅依赖于他自己的选择，还依赖于他人的
选择，个人的最优选择是其他人选择的函数。[3]不论人们将如

〔1〕 Roger B. Myerson, "Nash Equilibrium and the History of Economic Theory", vol. 37 *Journal of Economic Literature*, 1999, pp. 1067 ~ 1082.

〔2〕 ［美］道格拉斯·G. 拜尔等：《法律的博弈分析》，严旭阳译，法律出版社1999年版。

〔3〕 张维迎：《博弈论与信息经济学》，上海三联书店、上海人民出版社1996年版，第4页。

何决策，他们采取的行动与一些基本的原理相一致，这些原理中包括严格占优思想。[1]一个理性人选择严格占优策略意味着他会最大化其预期效用函数。[2]而所谓的理性（rationality）是指每个人在选择行动的时候要针对对手的可能行动而选择一个最优对策，在对手不改变行动的情况下，自己没有动力去选择其他行动，就如同弈坛顶尖高手在面对楚河汉界残局中的和棋。

　　博弈论的成功之处在于通过数学模型使对利益的冲突与协调问题的定性分析定量精确化。法律实证分析方法的应用是我国法学研究自身发展必须面对的一个重要问题，立法中利益关系的定量研究、法律实施效果的测量、法律经验的归纳，都是法律经济学应当解决的问题。一种法律制度的制定，要使其效力最大化，必须是一种纳什均衡，否则这种法律制度的制定便达不到预期的效率。[3]具体到微观层面，在既定的法律关系中，任何一方当事人的行动选择既受到自身因素的影响，也必然受到其他当事人行为的影响，因此将法律规则下行为人之间的行为互动归结为对策行为更加准确，此时博弈论是分析法律等非市场制度和非充分竞争市场的更恰当工具。博弈论的优势使得法律博弈论正在成为法律经济学的主导分析范式。[4]

　　国外有不少学者利用博弈论来分析审计、监管问题。Me-

---

〔1〕［美］道格拉斯·G. 拜尔等：《法律的博弈分析》，严旭阳译，法律出版社1999年版，第306页。

〔2〕I. - K. Cho, D. Kreps, "Signaling Games and Stable Equilibria", vol. 102 *Quarterly Journal of Economics*, 1987, pp. 179~221.

〔3〕钱弘道："法学研究方法的一场革命"，载《中国社会科学院院报》2002年12月17日。

〔4〕魏建："理性选择理论与法经济学的发展"，载《中国社会科学》2002年第1期。

lumad 和 Mookherjee（1989）发现在审计人（监管者）和被审计人（被监管者）之间的博弈可以彼此采纳所谓"随机游走"策略，类似于玩"猫捉老鼠"的游戏。[1]Mookherjee 和 Png（1989）则进一步发现审计人总是采取一定的审计概率作为自己的策略去进行抽查审计，而被审计人也会采取一定概率去报告。[2]Morton（1993）建立的博弈模型表明：最优监管和审计应当是随机抽查。[3]Cushing（1999）利用著名的囚徒困境模型来描述审计和监管问题，[4] Coate（2002）等人构建了斗鸡模型来说明审计人在面临被审计者的理性决策时，会出现审计过度或审计不足。[5]

二、养老金反欺诈博弈模型构建

如果我们用博弈论来分析社会保险待遇领取环节参与人之间的关系，可以简化为两个参与人：监管者和待遇领取者。假设两个参与人均是理性经济人，监管者的目标是最大程度地抓住待遇领取者中的冒领者，追回冒领款项并给予处罚；而待遇领取者为了最大化其效用，在监管不力的情况下会尽可能地冒

〔1〕 Nahum D. Melumad, Dilip Mookherjee, "Delegation as Commitment: the Case of Income Tax Audits", vol. 20（2）*The RAND Journal of Economics*, 1989, pp. 139~163.

〔2〕 D. Mookherjee, I. Png, "Optimal Auditing, Insurance, and Redistribution", vol. 104（2）*The Quarterly Journal of Economics*, 1989, pp. 399~415.

〔3〕 Sanford Morton, "Strategic Auditing for Fraud", vol. 68（4）*The Accounting Review*, 1993, pp. 825~839.

〔4〕 B. E. Cushing, "Economic Analysis of Accountant's Ethical Standards: The Case of Audit Opinion Shopping", vol. 18 *Journal of Accounting and Public Policy*, 1999, pp. 339~363.

〔5〕 Charles J. Coate, Robert E. Florence, Kristi L. Kral, "Financial Statement Audits, a Game of Chicken?", vol. 41（1/2）*Journal of Business Ethics*, 2002, pp. 1~11.

领。据此构建监管者和待遇领取者之间的博弈模型，领取者有两种策略：冒领和不冒领；监管者也有两种策略：检查和不检查。博弈参与者所采取的策略、收益情况都是双方的共同知识和共同信息，二者的博弈据此而展开。

当领取者不冒领、监管者也不检查时，领取者获得正常的社会保险待遇，监管者获得正常的声誉、绩效、升迁等常规收益，双方均没有超额的收益或损失，记其各自在博弈中的收益为 0。当监管者不查处，而领取者欺诈冒领时可获得违法的额外收益 E（Extra income），此时监管者遭受由于社会保险待遇被冒领而带来的声誉损失 - R（Reputation）。这里的声誉评价涉及监管者的监督人（如立法机关或上级机关）、被监管者及社会公众。当领取者冒领而被监管者查处时，除额外收益 E 被没收之外，还要支付罚款，其收益为 - F（Fine），现实中罚款往往是非法所得的额外收益 E 的数倍。而监管者需要付出检查成本 C（Cost），比如出动人力、物力，需要一定的检查时间，等等。此时监管者因查处冒领行为而获得奖励收益 B（Benefit），即此时监管者的总收益为 B - C。这里假设 B - C > - R，或 B + R > C，表明监管者对自身声誉 R 以及奖励 B 之和的计算会大于去检查而必须支付的成本。这是一个非常基本的假设：监管者基于自身声誉及奖励的需要，不会去怠于检查的；或者说，只要能够确定领取者存在冒领行为，监管者基于自身职责的要求，也一定会去进行检查。当监管者付出了检查成本 C，而领取者并未冒领时，监管者无法获得奖励 B，监管者收益为 - C，领取者收益为 0。这里 E、R、F、C、B 均为正值，检查包括现场和非现场两种检查方式。

我们可以把上述社会保险待遇领取者和监管者之间的博弈收益情况表示在如下的博弈矩阵中，监管者的得益为每一栏中左边的数据，而待遇领取者的得益在每一栏的右侧。竖向的箭头指向监管者占优的策略，横向的箭头则指向待遇领取者占优的策略。可以用 θ 代表监管者检查的概率，则 $1-\theta$ 代表监管者不检查的概率；用 γ 代表待遇领取者冒领的概率，则 $1-\gamma$ 代表待遇领取者不冒领的概率。此时，监管者和待遇领取者之间的博弈矩阵如下：

		领取者(P)	
		冒领(γ)	不冒领($1-\gamma$)
监管者(G)	检查(θ)	$B{-}C,\quad -F$	$-C,\quad 0$
	不检查($1-\theta$)	$-R,\quad E$	$0,\quad 0$

图7.1　监管者与社会保险待遇领取者之间的博弈

这个博弈不存在像典型的囚徒困境那样的纯策略纳什均衡。因为待遇领取者一旦选择"冒领"的策略，那么对监管者来说，最好的策略当然是选择"检查"，这样虽然花费了一定成本但却可以抓住冒领者，从而履行了自己的监管工作职责。但当监管者真的选择"检查"时，领取者的正确策略是"不冒领"而不是"冒领"。既然待遇领取者"不冒领"，当然监管者选择"不检查"比较合算，可以不花费成本地完成监管工作。而当监管者真正息于监督检查时，待遇领取者"不冒领"又白不冒领，当然要去"冒领"。因此，这个博弈与猜硬币博弈一样，在一次性博弈中没有会自动实现的均衡性策略组合，从而无法预测博弈的结果。双方只能如抛硬币那样来选择自己的策略，其核心是不能让对方预先知道或猜到自己的策略，而是以随机的方式选择策略，并且随机选择两种策略的概率不能让对方有可乘之机。也就是说，监管者应当以一定概率随机抽查的方式去监督待遇领取者，待遇领取者则以一定概率选择冒领。这个博弈的核心是求出在什么样的概率情况下能够达到混合策略的纳什均衡，也即 θ 和 γ 的最优值。

在给定领取者冒领概率为 γ 的情况下，监管者选择检查（$\theta = 1$）和不检查（$\theta = 0$）的期望收益分别为：

$$\pi G(1,\gamma) = (B - C)\gamma + (- C)(1 - \gamma) = \gamma B - C \quad (7.1)$$
$$\pi G(0,\gamma) = - R\gamma + 0(1 - \gamma) = - R\gamma \quad (7.2)$$

根据监管者不让领取者有可乘之机的基本假设，领取者在选择最优的冒领概率*时，监管者选择检查和不检查的期望收益是相等的，令（1）=（2），得出最优的 γ^*：

$$\gamma^* = \frac{C}{B + R} \quad (7.3)$$

同样地，可以求出监管者的最优检查概率。在给定监管者检查的概率为 θ，领取者选择冒领（$\gamma = 1$）和不冒领（$\gamma = 0$）的期望收益分别为：

$$\pi G(\theta,1) = (- F)\theta + E(1 - \theta) = E - \theta(E + F) \quad (7.4)$$
$$\pi G(\theta,0) = 0\theta + 0(1 - \theta) = 0 \quad (7.5)$$

令（4）=（5），可以得出最优的监管者检查概率：

$$\theta^* = \frac{E}{E + F} \quad (7.6)$$

根据上述分别对监管者和社会保险待遇领取者混合策略的

分析，可以得出二者博弈的混合策略博弈纳什均衡为：

$$\theta^* = \frac{E}{E + F} , \gamma^* = \frac{C}{B + R}$$

即监管者以 $\frac{E}{E+F}$ 的概率检查，社会保险待遇领取者以

$\frac{C}{B+R}$ 的概率冒领。此时，领取者冒领的概率取决于监管者：如果监管者执法成本 C 越小，而监管者因抓冒领而获得的奖励 B、绩效和声誉价值 R 越大，冒领者冒领的概率就越小。监管者检查的概率主要取决于冒领者的额外收益 E 和对冒领的处罚程度 F，冒领的收益 E 越高，处罚程度 F 越低，则监管者为了自身的工作、绩效和声誉，进行检查的概率就越高。

对于社会保险待遇领取者而言，冒领的违法收益的大小 E 决定了冒领的诱惑力，违法后被查处的损失大小 F 是法律规则的强制力的体现。领取者是否违法，取决于违法获利的诱惑力 E 与规则的强制力 F 的比较，当诱惑力大于强制力，即 $E >$ F 时，虽然监管者查处的概率很高，但即使被抓住罚款额也很小的情况下，领取者将选择违法冒领；只有当强制力 F 大于诱惑力 E 时，领取者才有可能选择不违法冒领，强制力越大于诱惑力，即处罚力度 F 越大，市场参与者违法的概率越小，同时监管者检查的概率也越小。

对于监管者来说，其收益和激励来源于自身工作的绩效、声誉和提升，其成本是检查支出。前者很难定量衡量，且主要评价来源于上级监督机构和公众，因此降低检查成本成为关键要素，同时也可以促使待遇领取者降低冒领概率。声誉的积累对于监管者是非常重要的，成为监管者的一种无形资产和信号。当监管者不断向参与者发出严厉查处的信号时，其违规行

为就会被遏制；反之，会造成参与者行为无约束的灾难。所以，通过立法制定有效的监管措施应该能对监管者本身构成激励，促使其积极履行职责。如果监管者因公众评价指标比较高而享有较高的声誉，相当于增大了 $\dfrac{C}{B+R}$ 的分母，可以促使被监管者以更低的概率违法。

上述符号比较抽象，可以代入数据来进行检验。假设监管者检查一次的成本是 25 元，不管是否能够查到冒领者，监管者都需要支出这样的成本。查获一个冒领者的话，监管者可以获得 500 元的奖励，同时还可以获得价值 500 元的声誉增加（这里把声誉也进行了数量化，在实际工作中其实是很难量化的）。而待遇领取人冒领一次可以获得 2000 元的收益，但如果被抓住的话，除了这 2000 元被没收之外，还将面临 3 倍即6000 元的罚款，此时的监管者和待遇领取人各自采取的最优策略概率是：

$$\theta^* = \frac{E}{E+F} = \frac{2000}{2000+6000} = 25\% \qquad (7.7)$$

$$\gamma^* = \frac{C}{B+R} = \frac{25}{500+500} = 2.5\% \qquad (7.8)$$

在本例中，监管者最优检查概率是 25%，这个概率其实和监管者自身的因素无关，而和待遇领取人冒领的收益和罚款有关，罚款越高，检查的概率就越低。我们在基层调研中发现的事实也验证了这一点：养老金监管的基层工作人员希望反欺诈立法要加大惩罚力度，希望以此威慑欺诈行为，其实暗合了本博弈模型中监管者可以以更低概率去现场检查的倾向。

待遇领取人进行冒领的概率为 2.5%，这个概率其实和领取人冒领的非法收入 E 和被抓后的罚款 F 无关，而主要取决于监管者自身的因素，如检查成本、监管者的奖励、绩效和声誉。我们可以看到这些因素构成了所谓"监管悖论"：监管者主动进行检查的概率与领取者冒领的额外收益 E 成正比，而和对冒领的处罚力度 F 成反比，这些其实都和监管者自身的因素无关，特别是处罚力度 F 越大，监管者反而越可以怠于检查，即减少现场检查的概率；而领取者冒领的概率反而和自身冒领的超额得益无关。"监管悖论"表明：在监管者和被监管者之间博弈最优策略的选择主要取决于对方的禀赋和策略，其实更深刻地体现了混合博弈中"对策论"的性质，亦即博弈参与方的效用函数不仅依赖于自身选择，还依赖于对手的选择，个人的最优选择是对手选择因素的函数。

第二节　博弈模型分析与现实情况的拟合

在上述模型中，我们假设它是一个静态博弈模型，得出的是混合策略的纳什均衡结果。应当说，在现实社会中，这样的模型就如同物理学中的"无摩擦世界"一样是不存在的，模型本身只是现实的一种模拟。在现实社会中对模型的拟合解释，可以对我们未来在养老金监管立法方面提供一些有益的借鉴。

一、加大法律强制力，降低违法获利诱惑力

社会保险费的征缴和社会保险待遇的发放分别是养老金的入口和出口，对于养老金的安全具有重大意义。违法者之所以有违法的动机，是因为违法后可获得超额利益。获益越多，违法的诱惑力就越大，但当违法后可能受到更严厉处罚的时候，违法者就不敢违法，其违法与否很大程度上取决于

违法获利的诱惑力与法律制度的强制力之间的比较。法律强制力相对于诱惑力越弱，市场违法现象就越严重，反之亦然。

在模型中可以发现：要有效维护待遇领取的秩序，一方面必须加大法律法规的强制力 F，只有坚决地查处和严厉的惩罚所形成的强有力的强制力才能阻止违法者在获利诱惑面前的违法企图。另一方面，应尽可能地降低违法行为所能获得的收益，这就需要我们加强社会保险法律法规方面的制度建设，防患于未然，不给违法者获取超额收益的可乘之机。

目前在养老金监管领域的现实情况是：上位法如《社会保险法》刚刚实施不久，在《刑法》中甚至都没有涉及社会保险的罪名，实际工作中即使监管者抓住了违法者也很难定罪、量刑。已有的《社会保险费征缴暂行条例》第 24 条规定责任人处罚方面的最高限额仅为 2 万元，随着中国经济的高速发展，这样的限额甚至是在鼓励而非规制违法行为，因此，以比例处罚而非限额处罚应当成为未来立法和修法时的原则。这样违法者采用机会主义违法的成本会大大增加，而违法收益的诱惑就会大大降低，使得违法行为得不偿失，从而抑制违法行为的发生。

二、监管手段应以低成本的非现场监督为主

从博弈模型中可以看出，监管成本 C 是影响被监管者违法概率的重要指标，监管者的检查成本越高，则被监管者违法的概率越高。因此，降低检查成本就成为监管者对付缴费者逃费、待遇领取者冒领的最有利手段。由于现场检查需要出动人力、物力、时间，成本肯定大于非现场检查，上文中假设的 25 元其实在现实中是远远不够的，实际成本可能远

高于此。我国的《银行业监督管理法》第 23 条规定：银行业监督管理机构应当对银行业金融机构的业务活动及其风险状况进行非现场监管，建立银行业金融机构监督管理信息系统，分析、评价银行业金融机构的风险状况。这个条款很值得养老金监管立法时借鉴。在 2005 年劳动和社会保障部颁布的《关于开展社保基金非现场监督工作的通知》中提出：以经办机构基金财务报告和与基金收支相关的重要业务数据为主要监督内容，开展非现场监督工作，及时搜集财政、税务、银行等有关部门基金管理数据，进行检查分析和信息比对。在地方层面，北京地税近年已经启动针对个人所得税纳税的网络稽核系统，利用相关的程序进行比对、分析，检查纳税人申报资料的准确性和完整性，及时发现代扣代缴义务人和纳税人的逃税行为，并寄送补缴通知书，这个过程也主要是以非现场监督为主。

国外养老金监管立法和执法的成功经验也值得借鉴。澳大利亚的养老金监管者 Centrelink 就主要采用非现场监管的"数据匹配"（Data Matching）技术，通过和税务机关、投资证券委员会之间的协作，可以查询公司注册股东（包括所有董事及持股前 20 名的股东）的相关记录，根据其收入、资产申报、交叉持股登记的情况进行社会保险缴费和待遇领取的非现场检查。如果这些数据之间不匹配，则根据其税务申报情况进行进一步的交叉检查，从而发现其中的问题。在数据匹配的同时，监管者还主要对医疗保险待遇的支付进行进一步的数据挖掘工作，即通过正常的医疗保险收入和支出数据，发现过度使用医疗资源的问题，挖掘医保诈骗的存在。在 2005 ~ 2006 年度，监管者通过对 43 627 个社会保险待遇支付所进行的超过 190 万个数据的匹配检查，发现其中 2.8 万个支付中存在着多付现象，从而直接挽回损失 21.43 亿澳元。[1]根据荷兰健康保险协会的统计，2010 年荷兰医疗保险挽回因欺诈造成的损失 1.13 亿欧元，大约 70% 的保险人通过欺诈辨别技术来发现并侦破医疗保险欺诈犯罪，很多保险人都有专门的反欺诈队伍来控制内部和外部欺诈行为。[2]

席涛（2010）认为，应当通过分析法律法规的成本和效益，提高法律的技术性和操作性，用法律保障中国经济社会的安全和稳定。[3]混合策略博弈分析就是执法过程中技术性和操作性的实例，其分析结果表明了执法成本的极端重要性。博弈分析结果和国内外立法、执法的经验表明：非现场监管可以降低执法成本，养老金监管应坚持非现场监管为主的原则。

三、如何走出"监管的悖论"？

当缴费者和待遇领取者这些被监管者违法时，监管者不查处将给社会保险制度的正常运行秩序带来破坏，被监管者的非法所得会诱惑其他被监管者的违法行为，社会保险制度的正常运行秩序被破坏。这种情况既给国家利益带来损失，也给监管者的业绩、声誉和升迁等带来不利影响，这可视作监管者利益的损失。监管者对违法事件进行查处，维护社会保险秩序，可以降低违法事件带来的不利影响。但是，查处违法事件也需要

---

〔1〕　参见澳大利亚 Centrelink 的报告："Data-matching Program Report on Progress, 2004 ~ 2007"，http://www. centrelink. gov. au/internet/internet. nsf/filestores/co050_ 0909/ $file/co050_ 0909en. pdf.

〔2〕　参见欧盟医疗反欺诈与反腐败组织会刊 2011 年 5/6 月号："Health Insurers in the Netherlands Save 113 Million Euros with Anti-fraud Policy"，see http://www. ehfcn. org/newsletter/content/nr/706.

〔3〕　席涛："我们所知道的法律和不知道的法律——法律经济学一个分析框架"，载《政法论坛》2010 年第 1 期。

支付一定的成本，甚至违法者对监管者的贿赂也可视作监管者查处违法事件的机会成本：如果监管者接受贿赂而放松监管，监管者本人有被查处的可能。

监管者对其查处和不查处违法事件的收益和损失的评价受多种因素的制约，因此，对监管者既存在教育和筛选的问题，但关键是必须通过立法建立一种完善的激励约束机制，鼓励监管者严格履行其监管职责，惩罚其渎职行为。在待遇领取博弈中可以发现：监管者查处违法行为的奖励 B 越高、其自身声誉 R 的价值越大，违法者违法的概率越小。以华人社会为主的新加坡和香港所建立的高薪养廉机制中，B 和 R 的值对于监管者来说很大，非常符合博弈模型所揭示的结果。

对于监管者的激励也存在一个违法获利的诱惑与规则的强制的问题。对渎职行为的严厉处罚就是加强规则的强制力，而降低其违法获利的诱惑力则还需要整个社会经济体制和机制的进一步完善。尽管监管者的职责就是查处违法行为，维护社会保险费征缴和社会保险待遇发放的正常秩序，但现实中许多严重的违法行为未被严厉查处，甚至受到监管者庇护的现象有时十分严重。这是由于监管机构作为政府的社会保险监管职能的具体实施者，它与政府之间存在着委托代理关系，而具体监管人员与监管机构之间也存在着第二层级的委托代理关系。对违法行为的查处是由具体的监管人员来实施的，他们在作出是否查处某一违法行为的决策时，必然对其自身相关的利益进行权衡。监管者作为理性人，如果法律规定了严厉的处罚措施，监管者可能会怠于检查，反过来给了被监管者可乘之机。

这样"监管的悖论"从另外一个角度提出了如何"监督监管者"的问题。如前所述，在艾瑞克·A. 波斯纳（Eric A. Posner，2001）所建立的委托－代理模型中，成本－收益分析为委托人克服信息不对称提供了控制代理人的工具，代理人必须收集、分析和披露市场信息，可以在一定程度上缓解"监督监管者"中的信息不对称问题。[1]席涛（2011）对OECD国家的研究表明，建立中央层面的统一审核评估"监督监管者"的机构，对于保证实施和执行监管政策，能够起到关键作用。[2]在《社会保险法》第76条中有"人大监督"的条款，由相对政府而言比较超脱的立法者——人大来监督政府在养老金监管领域的行为，是在当代中国政治和政府架构下"监督监管者"的尝试。

第三节　博弈模型的修正与解读

上述构建的模型是基于静态博弈的假设，而且假设只有两个参与者，其中监管者是一方，另外一方是把诸多的待遇领取者简化为一个。这样的假设在实际工作中只能是现实情况的近似，和现实生活的监管行为有很大差距，因为现实的博弈参与者之间信息并不对称，真实世界更多是非完全信息的动态博弈，可以据此对模型进行修正。与此同时，中国现行法律也已经有对严重欺诈行为的惩罚机制，可供养老金监管立法借鉴，而从法学角度的解读更符合法律博弈论的本质。

一、从动态重复博弈、理性人假设角度对模型的修正

本模型是单次静态的，而在现实世界中的一个监管者对多个被监管者的博弈是动态博弈，因为其他被监管者一旦发现其

---

〔1〕 Eric A. Posner, "Controlling Agencies with Cost-Benefit Analysis: A Positive Political Theory Perspective", vol. 68（4）*The University of Chicago Law Review*, 2001.

〔2〕 席涛："法律、监管与市场"，载《政法论坛》2011年第3期。

中的一个被监管者采取了和监管者的某种策略，他也会根据监管者和被监管者双方的得益情况采用相应的策略。此时，动态博弈的重复虽然形式上是基本博弈的重复进行，但重复博弈中博弈方的行为和博弈结果却不一定是基本博弈的简单重复，因为博弈方对于博弈会重复进行的意识，会使他们对利益的判断发生变化，从而使他们在重复博弈过程中的行为选择受到影响。比如冒领者未被抓获也未被惩处，待遇领取者就会跟随去冒领，这也是很多地区冒领成风的主要原因，这样的现象被美国著名政治学家威尔逊和预防犯罪学家凯林称之为"破窗理论"：如果有人故意打破了建筑物的一扇窗户玻璃，而这扇窗户得不到及时维修的话，别人就有可能受到某些暗示性纵容去打烂更多的窗户玻璃，最终造成积重难返的局面。[1]如果缴费者因逃费而被惩处，别的潜在逃费者就可能会正常缴费。因此，重复博弈不是基本博弈的简单叠加，必须把整个重复博弈过程作为整体进行考虑，一个具有不确定终点的博弈可以模型化为一个无限重复博弈。

重复博弈理论告诉我们：一旦博弈的参与者不是"今朝有酒今朝醉"，而是对未来的得益有一定期待，当贴现因子估计足够大时，参与者会更珍视自己的声誉。[2]由于缴费和领取待遇都是几乎每个月都要进行的，重复博弈更符合现实情况，博弈的参与者在重复博弈中建立的声誉就非常重要了。一个一直严厉的监管者所建立的严格监管声誉可以威慑被监管者遵纪

〔1〕 James Q. Wilson, George L. Kelling, "Broken Windows", *The Atlantic*, March 1982.

〔2〕 D. Fudenberg, E. Maskin, "The Folk Theorem in Repeated Games with Discounting or with Incomplete Information", vol. 54 (3) *Econometrica*, 1986, pp. 533~554.

守法，而一个一直缴费良好或者正常领取待遇的被监管者所建立的良好声誉也会赢得监管者不去或者少去检查的免打扰奖励。从历史上来看，法律的形成就是人类重复博弈的结果，法律规定了人们如何行动或者不行动的边界。养老金监管立法应当鼓励监管者严格监管、被监管者遵纪守法，惩处监管者和被监管者中的机会主义行为，在缴费阶段应收尽收，在待遇领取阶段无冒领行为。

考虑到现实情况，博弈论的前提——"理性人"假设也应当进行一定程度的修正。和纳什一起获得 1994 年诺贝尔经济学奖的博弈论大师泽尔滕，其核心贡献是创立了动态博弈理论的基础——子博弈精炼纳什均衡。他在接受《中国经济时报》记者采访中提出："所谓传统经济学，即过去 50 年直到二战以前的主流经济学。二战前，理性假设要少得多。后来，从超级理性假设中出现的模型，是非常幼稚的理性主义。过去50 年，在经济学中到处弥漫着很幼稚的理性。"[1]这充分说明本模型中的"理性人"假设必须进行修正。监管者和被监管者均会存在非理性的情况，不一定严格按照模型中得出的概率进行冒领或者查处，本模型中的概率值只是理性人假设条件下的近似值，立法中只能作为参考。

二、从民法和社会保险法角度对模型的解读

根据我国现有的法律，本博弈模型中被监管者的冒领行为已经违反了《民法通则》、《合同法》等相关法律。《民法通则》规定了以欺诈手段订立的民事行为无效，这些欺诈手段

---

〔1〕 参见崔克亮等："莱茵哈德·泽尔腾：中国经济的最大问题在于房地产泡沫"，载《中国经济时报》2009 年 11 月 8 日。

包括"一方以欺诈、胁迫的手段或者乘人之危，使对方在违背真实意思的情况下所为的"、"恶意串通，损害国家、集体或者第三人利益的"等。我国最高人民法院对欺诈行为的司法解释是："一方当事人故意告知对方虚假情况，或者故意隐瞒真实情况，诱使对方当事人作出错误意思表示的，可以认定为欺诈行为"。[1]至于不作为尤其是沉默的行为，不当然是欺诈行为，但若在法律上、交易习惯上或依诚信原则有告知事实的义务时而表示的沉默，则认为是"故意隐瞒真实情况"，如在养老金受益人去世之后，其亲属沉默并继续领取养老金的行为就可以认定是欺诈行为。

《社会保险法》中对社会保险经办机构的定位只是提供社会保险服务，负责社会保险登记、参保人员权益记录、社会保险待遇支付等工作，只能通过建立健全业务、财务、安全和风险管理制度来避免相对人的欺诈行为。现实中的社会保险经办机构作为社会保险业务管理工作的机构，属事业单位。在发现欺诈行为时，由于自身没有执法权，只能根据《合同法》的规定，将一般的欺诈、胁迫规定为可变更或者可撤销的法律行为，即经办机构作为受损害方只能请求人民法院或者仲裁机构变更或者撤销。而政府自身不是管理者，如何建立权威、专业、公众参与的监督管理体制，对政府来说还是新鲜事物。[2]因此，博弈模型中的监管者是抽象的，既不能等同于经办机构，也不能等同于政府监管部门。

〔1〕《最高人民法院关于贯彻执行〈中华人民共和国民法通则〉若干问题的意见（试行）》（1988年4月2日颁布）第68条。
〔2〕杨燕绥、李学芳编著：《职业养老金实务与立法》，中国劳动社会保障出版社2009年版，第243页。

从模型中我们可以发现：只要监管者不是100%地进行不遗余力地认真检查（那样有可能监管成本巨大），待遇领取者基于机会主义的概率判断，就一定会以一定的概率选择缴费阶段的逃费以及领取阶段的冒领，欺诈行为难以绝迹。即使我们的立法再严密，基于理性人假设的被监管者总是能够钻法律的漏洞，发达国家如英国、美国虽然反欺诈立法相当完善，但仍然存在大量的社保欺诈行为。一项近期的研究表明，英国一年因各类欺诈行为损失高达300亿英镑，其中养老金与工作部系统遭受的欺诈损失约11亿英镑。[1]美国总检察官Eric Holder认为，在美国仅医疗保险欺诈行为导致的损失就高达每年600亿美元。[2]中国目前立法尚不健全，欺诈所造成的损失也没有准确统计，但肯定是一个天文数字，为堵塞社保欺诈漏洞，有针对性的监管立法势在必行。

三、借鉴税法和刑法对模型的解读和修正

除民法外，由于社会保险法的强制性特征类似税法，因此可以从税法中借鉴相关的监管立法理念。博弈模型中有对冒领的罚款F，在《税收征收管理法》第63、64条明确规定了在税务领域的欺诈行为为"偷税"，并规定了罚则。随着2009年2月28日《中华人民共和国刑法修正案（七）》获得通过，

［1］ See Helen Pow's report, "Fraud Costs the UK £ 30bn A Year", 22 January 2010, see http://www. moneymarketing. co. uk/politics/fraud-costs-the-uk-% C2% A330bn-a-year/1005404. article.

［2］ The first National Summit on Health Care Fraud, "Health Care Fraud Costs U. S. More Than \$60 Billion Annually: DOJ (Department of Justice)", January 28 2010, CCCH Internet Research Net Work's website at: http://hr. cch. com/news/benefits/021210. asp.

原来的"偷税罪"被修改为"逃避缴纳税款罪";[1] 对采用欺骗、隐瞒手段进行虚假纳税申报的欺诈行为，直接定性为"逃避缴纳税款罪"。

社会保险缴费逃费和社会保险待遇冒领目前尚无刑法上的对应罪名，可以借鉴的是诈骗罪和危害税收征管罪的定罪和量刑。《刑法》规定：在商业保险中进行保险诈骗活动，包括投保人故意虚构保险标的、对发生的保险事故编造虚假的原因或者夸大损失程度等，诈骗数额较大的，构成保险诈骗罪。虽然这里的"保险诈骗"主要是针对商业保险的，但基于保险业大数法则的共同原则，这些条款对社会保险诈骗也有重要的参考价值。《刑法》第266条规定的诈骗公私财物罪，是"以非法占有为目的，用虚构事实或者隐瞒真相的方法，骗取数额较大的公私财物的行为"。因此，诈骗入罪是《刑法》对欺诈行为的最基本规制。

和一般欺诈不同的是，逃避缴纳税款和社会保险费会危及国家正常税收秩序和社会保险秩序，欺诈的直接受害人是国家和其他社会保险参与人，从而对整个社会不特定的多数人都造成了危害。因此，《刑法》规定该罪对于税收欺诈更具有针对性。这一罪名的修改为未来的社会保险欺诈定罪设立了标杆，特别是对在社会保险缴费环节的欺诈更具有参考价值。博弈论是假定法律完善情况下的惩罚机制的，由于我国目前尚无对应的《刑法》条款来规制社会保险欺诈行为（F不明确），就需要尽快列明罪名，以构成对博弈中被监管者的威慑，使其减少

---

[1] 2009年修改后的《刑法》第201条规定："纳税人采取欺骗、隐瞒手段进行虚假纳税申报或者不申报，逃避缴纳税款数额较大并且占应纳税额10%以上的，处三年以下有期徒刑或者拘役，并处罚金；数额巨大并且占应纳税额30%以上的，处三年以上七年以下有期徒刑，并处罚金。"

违法的概率。

由此可见，运用博弈论工具来分析养老金监管问题，在成本－收益分析中已经涉及监管的成本和收益之外，还考虑了监管者的声誉对养老金监管的影响；与此同时，又从被监管者的角度来分析监管问题，在传统的只从监管者角度分析基础上增加了被监管者的角度。我国传统思维中认为：增加惩罚力度、从重量刑可以遏止犯罪，即所谓"治乱要用重典"。遗憾的是，这些思想在监管博弈论模型中没有得到验证，得出的结论是：对被监管者的惩罚力度长期来看和被监管者违法的概率无关，反而激励监管者怠于监管，这从另外一个方面佐证了此前成本－收益分析中"最优监管区域"的存在：对养老金"加强监管"并非是最佳选择，适度监管、有效监管才是从成本－收益分析模型和博弈论模型中得出的养老金监管的基本结论，监管的成本在监管博弈模型中扮演着举足轻重的作用，降低监管成本不仅仅可以使得监管的收益更大，而且可以降低被监管者违法的概率，传统的"加大监管力度"、"乱世用重典"并不符合监管的博弈论分析模型。

四、社会保险反欺诈立法展望

从我国已有的民法、税法、刑法等相关法律来看，虽然尚待进一步完善，但毕竟已经初步构建了反欺诈的法律基础。国际上有"小欺诈不称其为欺诈"的执法原则，如有资料显示：美国每年因逃税而实施民事处罚的案例有 500 万起左右，所罚款项达到数百亿美元，而因逃税罪入狱的案例却不足 2000 起；[1]瑞典税务总署 2003 年查处全国逃税案件 24.4 万起，最

─────────────

〔1〕　参见"刑法修正案修改偷税罪定罪量刑标准"，载《中国税务报》2008年 8 月 27 日。

终处罚、获刑的仅 470 起。[1] 从我国经济立法、修法的趋势来看，立法者对经济犯罪处理时更多地通过行为人的危害结果和悔罪态度进行考量，例如《刑法修正案（七）》就规定：因逃避缴纳税款已受行政处罚的，不予追究刑事责任。这对于挽回国家税收损失、促进依法纳税意识的养成将起到积极的推动作用，较好地体现宽严相济的刑事政策原则，也符合国际上对经济犯罪处罚的总体趋势。

目前我们需要的是如何针对社会保险欺诈的新问题、新案例，针对社会保险欺诈行为的具体特点进行具体分析，可以借鉴《民法通则》、《税收征收管理法》及最新《刑法》修正案中关于"逃避缴纳税款罪"的相关规定，在现有的法律框架之下通过法规和部门规章的形式定性社会保险欺诈行为，构建社会保险反欺诈的具体操作制度，根据微观层面博弈参与人违法概率的决定因素来制定具体的法律、法规、政策，更好地保障社保基金的安全。基于此，对未来的《社会保险基金监督管理条例》、《社会保险反欺诈管理办法》等相关法规、规章的立法中可以借鉴本章的博弈模型，使得立法更具针对性。

目前《社会保险法》已经明确参保单位在社保登记、缴费等方面的法律责任。作为社保基金监督管理的最高位阶法律，《社会保险法》在正式实施过程中需要大量配套法规、规章、规范性文件才能使其更具操作性，因此需要由国务院制定配套的《社会保险基金监督管理条例》、《社会保险反欺诈管理办法》等法规、规章，从博弈参与者这一微观角度对《社会保险法》进行具体细化，特别是监管者的行政执法权应当有所体现。目前我们需要的是如何针对社会保险欺诈的新问

---

〔1〕 Swedish Tax Agency, "Taxes in Sweden 2004", *An English summary of Tax Statistical Yearbook of Sweden*, December 2004.

题、新案例，针对社会保险欺诈行为的具体特点进行具体分析，可以借鉴《民法通则》、《税收征收管理法》及最新《刑法》修正案中关于"逃避缴纳税款罪"的相关规定，在现有的法律框架之下，通过法规和部门规章的形式定性社会保险欺诈行为，构建社会保险反欺诈的具体操作制度，根据微观层面博弈参与人违法概率的决定因素来制定具体的法律、法规、政策，更好地保障社保基金的安全。考虑到未来与《刑法》的衔接，将来在《刑法》修改的时候可以借鉴已有的"逃避缴纳税款罪"、"保险诈骗罪"的罪名，引入"逃避缴纳社会保险费罪"及"社会保险诈骗罪"，以形成对社会保险欺诈的威慑力。

中国现行社保基金监管体制中，各级社会保障行政部门实际上承担了社保基金的管理和监督的双重职能，被诟病为"左手管右手"。由于社保基金监督工作是一个面向广泛的社会大众和政府部门的工作，具有环节多、部门多的特点，目前在《社会保险法》中，有关社保基金监督机制规定了人大监督、社会保险行政部门的监督、财政和审计部门的监督，以及参保单位和个人代表、工会代表等组成的社会保险监督委员会的社会监督。然而，诸多的监督主体很容易形成"九龙治水"的局面，相当于博弈的监管者出现多人作为监管者的现象，使被监管者有机可乘。从博弈论的基础——理性经济人假设出发，不同的机构虽然都是国家机器的一部分，但都有追求奖励、声誉最大化的动机，而这样的动机无法形成"监管的合力"，从而有损于监管工作。我国现有的银监会、证监会和保监会的独立监管机构模式以及国土资源部"土地监察"的模式都可以用来借鉴，中国相对独立的"社保基金监督管理委员会"作为唯一的、理性的监管者，可以在监管博弈中专心、专注、专业，使被监管者无机可乘。从博弈模型中可以看到，监管者的声誉、奖励与被监管者违法的概率成反比，因此这个机构应当在成立之初就树立良好的声誉，同时借鉴香港、新加坡"高薪养廉"的做法，鼓励其进行铁面无私的检查，同时加强对监管者的监督，出现腐败、玩忽职守等问题时给予严厉处罚，身败名裂的监督会让这个相对独立的监管者真正做到廉洁高效。

在博弈模型的分析中可以看出监管者的检查成本和被监管者违法概率成正比，因此降低日常监管成本就成为降低违法概率的关键。国内地税稽查、国外澳大利亚 Centrelink 的经验表明：利用现代网络信息技术、数据匹配技术能够发现大部分的违法行为，从而实现日常监管的非现场检查，大幅降低检查成本。可以参照《银行业监督管理法》中非现场监管的相关规定，在未来的社保基金监管立法中应坚持非现场监管为主的原则，通过在"金保工程"基础上建立的社会保险监督管理信息系统，发现、分析、评价被监管者的状况，有针对性地现场检查，可以降低监管成本，从而降低被监管者违法的概率。

第八章

中国养老金监管立法展望

第一节　养老金融发展展望

中国自 20 世纪 70 年代末开始的改革开放，最重要的成果之一就是打开国门，引进人类物质文明、法律体系等领域的重要成果，构建社会主义市场经济体制。如果说 20 世纪 50 年代是以前苏联为师的话，80 年代以后的中国，在很大程度上学习、借鉴了美国、欧洲、日本等西方发达国家很多方面的经验，其中美国作为最大的发达国家，对中国的影响在所有国家中处于更为重要的地位。特别是 2001 年加入世界贸易组织之后，中国不得不按照国际规则来改革自己的经济体制，从而创造出举世瞩目的"中国奇迹"，在经济总量上迅速拉近了与发达国家的差距：GDP 总量在 2005 年超越了意大利，2006 年超越了英国，2008 年超越了德国，2010 年超越了日本，目前已成为全球第二大经济体。按照国际货币基金组织 IMF 根据购买力平价测算，2016 年美国 GDP 将达到 18.8 万亿美元，而中国 GDP 将升至 19 万亿美元，从而超过美国。[1]

---

〔1〕　See IMF, "China No. 1 economy by 2016", available at http://en. ce. cn/Business/Macro – economic/201104/26/t20110426_ 22385515. shtml.

一、欧美的养老金融发展

美国是公认的全球金融市场最发达的国家，也是中国金融发展、金融改革的重要参照系。当大家都把眼光聚焦华尔街之时，为华尔街提供源源不断资金资源的养老金，却被很多人忽略了。1974 年美国通过的《雇员收入保障法案》，为养老金的安全奠定了法律保障；而税法在 1978 年修订后的 401K 计划，则为养老金大发展铺平了道路。按照 401K 计划，企业为员工设立专门的 401K 账户，雇员、雇主可以每月从其工资中拿出一定比例的资金存入养老金账户，员工自主选择证券组合进行投资，收益计入个人账户。为提高企业及其员工储蓄养老的积极性，税法规定 401K 账户的缴款在规定限额内可在税前扣除，享受延迟纳税待遇，同时投资收益可以累积，在最终提取之前不征收资本利得税，只有当员工因退休或其他原因提取款项时才需要纳税。截至 2010 年底，401K 计划覆盖了 5100 万在职或退休的美国雇员，资产达 3 万亿美元。[1]

20 世纪 70 年代的这些养老金法律立法、修法之后，整个 80、90 年代是养老金发展的黄金年代。美国的居民储蓄率一直不高，储蓄无法满足产业资本的需要，1929 年大萧条之后的金融业分业经营使得美国的银行业不像德国那样可以发展成为"全能银行"。但借助于养老金这一长期资本，美国实现了华尔街的复兴，创造出以强大的股票市场、债券市场、金融衍生品市场为代表的资本市场的一片繁荣。在 80 年代新技术革命的"第三次浪潮"中，以微软、IBM、苹果等为代表的 IT 业借助资本市场之力，使得美国成为新技术革命的领头羊，而这些企业

---

〔1〕 See http://www.ebri.org/pdf/briefspdf/EBRI_IB_12 - 2011_No366_401(k) - Update. pdf.

的"种子资金"大多数来源于资本市场的养老金。养老金融的
发展，成为 20 世纪美国资本市场大繁荣的"秘诀"。

养老金和资本市场结合所造就的养老金融已经在欧美发达
国家有了数十年发展的历程，英美两国养老金的大发展被牛津
大学的著名养老金专家克拉克教授称之为"盎格鲁—撒克逊
式的养老金资本主义"。根据英国的《2000 年金融服务和市场
法案》成立的综合性金融监管机构"金融服务委员会（FSA）"
内，专门设立了和外汇、证券、银行、保险等监管部门并列的
"养老金审核部"，这是在世界各国中率先把将养老金监管提
高到与银行、证券、保险同等位置的监管部门。而欧洲的三大
监管机构中养老金已经和银行、证券、保险并驾齐驱，美国养
老金更是成为资本市场中最大的机构投资者。欧美各国养老金
融发展的成功经验，非常值得中国学习、借鉴。

二、中国的养老金融发展

中国未来的金融发展、养老金发展离不开二者的成功嫁
接——养老金融的发展。无论从国家战略竞争的层面，还是金
融竞争的层面，都需要源头活水——养老金的注入。从这个意
义上来说，养老金融的发展应当逐步成为国家战略，唯如此，
方能和欧美发达国家在国际金融市场的竞争中迎头赶上，甚至
后来居上，实现跨越式发展。

中国 30 多年的改革开放所造就的经济发展已经成功突破
了资本形成、资本积累两道门槛，实现了从农业大国、资本小
国向制造业大国、贸易大国的飞跃。肇始于 1990 年底的股票
市场经过 20 多年的发展，也已经成为全球第三大资本市场。
然而，中国的养老金和资本市场之间一直未能够成功对接，除
了全国社保基金、企业年金少量投资资本市场之外，本应当投

资资本市场的主力——个人账户养老金一方面存在着空账的隐患，另一方面一直未能够进入资本市场来保值增值。这样的状况不能再继续下去了。

以国家统计局城镇单位就业人员 2011 年的工资总额 5.95 万亿元为基数，[1] 假设个人账户养老金可以达到工资总额的 8%，则每年进入城镇职工个人账户的养老金总额将达到近 4800 亿元。随着职工工资的逐步增加以及农民工和农村养老保险的发展，未来进入养老保险个人账户的资金量每年将达到万亿元的级别。如此庞大的资金量如果不进行恰当的投资运营，其贬值数额也将十分巨大。在中国的股票市场上由于机构投资者不发达，炒作之风盛行，造成股市暴涨暴跌，资本市场未能够成为实体经济的"晴雨表"。只有打通养老金和资本市场之间的藩篱，才能一方面促进养老金的保值增值，另一方面促进资本市场的健康发展。资本市场一旦有了作为长期机构投资者的养老金，就有了"定海神针"，可以抚平过于剧烈的暴涨暴跌，真正实现资本市场平稳、有序、健康的发展。

第二节　中国养老金监管立法的原则和目标

从欧美发达国家养老金融的发展可以看出立法先行的重要性。普通法系和大陆法系两大法系根植于不同的历史和文化之中，根据 LLSV 的法律起源理论，不同法系造就了不同的金融发展绩效，普通法国家的金融发展总体上比大陆法系更好。具体到养老金的投资监管立法来看，普通法系国家大多采纳审慎

---

〔1〕 数据来源于国家统计局《中国统计年鉴2012》。

人规则，而大陆法系国家更多采纳严格数量限制规则。当面对不同选择之时，中国的养老金监管立法应当采取什么样的原则，才能够更好地促进养老金融的发展，同时适合中国的国情呢？

一、厘清不同种类养老金以实施分类监管立法

根据前期对美国的研究发现：美国对联邦政府运营的第一支柱社保基金进行严格的近乎苛刻的法律监管，对第二支柱待遇确定型私营养老金进行强制保险的保障机制，确保了整个社会保障体系的高效运行。借鉴美国对于第一支柱社保基金和私营养老金的分类监管体制，我国应该在国务院、劳动和社会保障部制定的相关政府法规基础上，明确划分不同种类社保基金的投资行为，严格禁止第一支柱基本养老保险基金结余部分投资股票，而应由国家提供定向发行的特种国债作为投资主渠道，同时推行社保基金管理社会化，接受公众和参保者的监督，堵塞各种制度上、管理上的漏洞，确保法律的公平。对于第二支柱的企业年金和职业年金，应当效率优先，确保其保值增值，以抵御未来的老龄化危机。在初始阶段的监管法律中应该贯彻大陆法系的严格数量限制规则，将来在条件成熟后逐步向英美法系的审慎人规则过渡。对于第三支柱的商业保险和个人投资，应该按照商业保险的监管条例执行监管，确保公开、公平、公正。

通过对养老金监管成本－收益分析可以发现：养老金作为一种越来越重要的金融形态，对其监管的重要程度也在同时增长，对养老金所谓的"加强监管"必须有一定的"度"，这里就是本文模型中的监管有效区域，超过了这个"度"，监管的效应是负面的。因此，"对中国庞大的养老金资产投资的限制

是不是越严格就越好"的回答，当然是否定的，"有效监管"应当取代"加强监管"作为养老金监管立法的重要原则。胡继晔等（2011）对中国 18 个省份养老金监管立法调研发现：按照 1996 年国务院办公厅颁发的《关于一些地区挤占挪用社会保险基金等问题的通报》中的规定："社会保险基金结余主要用于购买国家债券，购买国家债券后仍有结余的应按规定存入银行账户，不得用于其他任何形式的投资"，目前管理基本养老保险基金的绝大部分省份都抱怨无处购买国债，结余的基金大多只能以活期存款的形式存在财政专户中，造成全国养老金每年缩水 100～300 亿元，[1] 由此可见，如此"加强监管"的结果不仅成本十分高昂，而且"通报"的法律效力也严重不足，因此亟需加快养老金监管立法的步伐，让那些躺在银行睡大觉的养老金真正能够保值增值。

从不同 OECD 国家养老金监管规则的分析可以看出：中国作为继承了大量大陆法系法律传统的国家，由于资本市场的发展尚处于初级阶段，在养老金监管领域采用严格数量限制规则在目前的情况下是很自然的选择。改革开放以来，中国的金融立法大量借鉴了普通法系的理念，如《银行业监督管理法》、《信托法》均规定在监管中要遵循审慎规则。和中国具有类似大陆法系传统的日本在养老金监管领域就在 1998 年从严格数量限制规则转换为审慎人规则，很值得中国借鉴，本文对这两种规则的成本 - 收益分析也支持在养老金监管中应当逐步解除严格数量限制规则的限制，部分采纳审慎人规则，以降低监管成本，提高被监管养老金的收益率。

目前中国对 OECD 养老金监管相关指引的研究尚不充分，

---

〔1〕 胡继晔等：《社保基金监管立法调研报告（2008～2010）》，中国政法大学出版社 2011 年版，第 33 页。

而 OECD 已经开始了对中国养老金的研究。OECD 在其 2007
年出版的《中国养老金改革：进程与展望》中分析：作为正
在建设世界上最庞大养老金体系的国家，在中国增加养老金覆
盖率是首要任务，以应对"未富先老"的问题。到 2050 年
时，中国将拥有世界上最庞大的老年人口——65 岁以上的老
人将超过 3 亿，这对于中国的养老保险制度来说是一个巨大的
挑战。中央和地方政府如何以协调一致的方式来监管数额巨大
的养老金，是一个更为巨大的挑战。[1]OECD 在养老金监管的
做法如何在中国养老金监管立法领域借鉴、消化和吸收，这将
是下一步养老金监管立法研究的核心问题。

二、根据《社会保险法》界定养老金监管立法目标

中国社会保障立法现在最为主要的问题，不在于缺乏法律
依据，而在于缺乏一部能够在人大法律层次上统一协调、全盘
规划的《社会保障法》。该法不仅要包括养老、失业、工伤、
生育、医疗、教育等社会保险的相关内容，也要包括社会救
助、社会优抚等各方面的内容，以建立起一个多层次、全方位
的社会保障的完整体系。在目前《社会保障法》缺失的情况
下，所幸社会保障领域核心内容的《社会保险法》已经于
2010 年 10 月 28 日由十一届全国人大常委会第十七次会议表
决通过，2011 年 7 月 1 日开始正式实施。《社会保险法》总则
第 6 条规定：国家对社会保险基金实行严格监管。国务院和
省、自治区、直辖市人民政府建立健全社会保险基金监督管理
制度，保障社会保险基金安全、有效运行。有了这样的总则，
未来的社会保险基金监督管理工作就有了基本原则。

---

　　〔1〕 OECD, "Pension Reform in China: Progress and Prospects", Paris, 2007.
See http://www.oecd.org/dataoecd/31/26/38757039.pdf.

《社会保险法》第八章"社会保险基金"中规定：社会保险基金实行专款专用，任何组织和个人不得挤占或者挪用。各项社会保险基金按照社会保险险种分别建账，分账核算，执行国家统一的会计制度。社会保险基金按照统筹层次设立预算，按照社会保险项目分别编制。这里的"分账核算"非常重要，是对部分省份在财政专户中"混账管理"的厘清。

《社会保险法》第十章"社会保险监督"中规定了社会保险基金的监督机制。法律首先规定了人大监督，各级人民代表大会常务委员会听取和审议本级人民政府对社会保险基金的收支、管理、投资运营以及监督检查情况的专项工作报告，组织对《社会保险法》实施情况的执法检查等，依法行使监督职权。其次，规定了社会保险行政部门的监督检查主体资格，财政部门、审计机关依其职责对社会保险基金收支、管理、投资运营进行监督。除此之外，法律还规定用人单位代表、参保人员代表，以及工会代表、专家等组成的社会保险监督委员会，掌握、分析社会保险基金的收支、管理和投资运营情况，对社会保险工作提出咨询意见和建议，实施社会监督。

《社会保险法》第十一章规定了"法律责任"，明确了用人单位在社保登记、缴费等方面的法律责任。对于个人的欺诈、骗保行为，以及社保经办机构的违规违法行为，规定了相应的行政处罚和刑事责任。立法在任何国家都是一个不同利益群体博弈的过程，中国的《社会保险法》也不例外，因此不能寄希望这部法律可以"毕其功于一役"。遗憾的是，《社会保险法》自通过之日起，在基金监督管理领域就存在着应当改进之处。

目前《社会保险法》根本没有涉及社会各界都非常关心的社会保险基金缺口弥补和"空账"问题。社会保障制度建立以前工作的"老人"并没有缴纳养老保险费，那些费用已经大部分物化为国有资产。退休后的老人所享受养老保险待遇源于正在缴纳养老保险费的"中人"和"新人"。这些"老人"的养老保险费来源理论上应当由出售国有资产来支持，2001年6月，国务院关于减持国有股充实社保基金的文件讲的很清楚。但实际上这部分养老金待遇一直由"中人"和"新人"所缴纳的社会保险费来支付，甚至动用了"中人"和"新人"所缴纳的个人账户基金，造成个人账户的"空账"。作为转轨成本，国家应当通过财政承担或者出售国有资产承担，但遗憾的是如此重要的问题，虽然在《社会保险法》草案阶段社会各界多次呼吁，但在最终的法律文本中仍然没有只字体现，只能在将来的《社会保险法》修法中予以体现。

由于在诸多问题上争议巨大，《社会保险法》并没有给出确定的解决办法，而是通过授权条款，留给相关的国务院有关规定，针对这些规定可以提出立法建议。

三、确立与《社会保险法》配套的基金监督管理体制

《社会保险法》第76条规定了人大监督，第77条规定了政府社会保险行政部门监督，第78条规定了财政部门、审计机关监督，第80条规定了社会监督，似乎监督者很多，但实际上由于作为监督主体的"政府社会保险行政部门"同时又要承担社会保险经办机构设立分支机构和服务网点的审核批准工作（参见《社会保险法》第72条），和过去的监督管理体制并没有根本区别，只是对过去监督管理体制的一种追认。

在我国现行的社会保险基金监督和管理体制下，往往本级政府人力资源和社会保障部门领导班子中的一个重要副职兼任同级社会保险经办机构正职，这样使得政府部门内负责基金监

督的部门主要领导往往比社会保险经办机构主要领导的行政级别要低。社会保险监督的最主要对象之一就是社会保险经办机构，如果被监督对象的主官同时在政府内分管基金监督工作，一个人如何担任好两个完全不同的角色？于是，"既是运动员又是裁判员"、"左手管右手"等让社保基金监管者很尴尬的形象描述实际上是中国当前社会保险基金监督管理工作的真实写照。由于中国独特的官本位体制，都同在一个"社会保障系统"内工作，使得社会保险基金的监管体制很难做到"独立监督"。而监督的独立性是政府公共事务中一个最基本的常识，中国的金融系统银行、证券、保险三大监管机构就不存在和地方政府交叉任职的情况。

新的《社会保险法》并未从监督管理体制上进行重大突破，在体制设计上没有创新，很难做到对社会保险基金监督工作过程中的严格规范和风险控制，这是众多社保案件所暴露出来的重要问题，也是我国现行社会保险基金监督管理体制上存在的重大制度性缺陷。这个缺陷不是"社会保险行政部门"自身就能够解决的。建议参照银行、证券、保险三大独立监管机构，或者国家土地督察、审计署特派员这些相对独立的监督管理模式，建立相对独立社会保险基金监督管理体制，走出目前社会保险监管体制不顺的困境。这需要中央的决断，可以体现在国务院颁布的配套法规《社会保险基金监督管理条例》中，从体制上确保《社会保险法》的顺利实施。

第三节 中国养老金监管立法建议

根据我国养老金立法的上述原则、目标和管理体制以及前几章的分析，具体的立法建议如下：

一、尽快实施《社会保险法》规定的社会保险费统一征收

社会保险费征缴是形成社会保险基金的入口，如果入口不畅，此后的基金管理、社会保险费发放都会出现"巧妇难为无米之炊"的尴尬。目前一个突出的问题就是社会保险经办机构和财政税务部门之间关于征缴问题的长期博弈。在《社会保险法》第七章"社会保险费征缴"第 59 条中，仍然是一个不明不白的授权性条款："社会保险费实行统一征收，实施步骤和具体办法由国务院规定。"

从世界范围来看，同样的社会保险费征缴工作在不同的地区分别由不同的机构征缴，中国是绝无仅有的特例，在征缴环节的"一国两制"已经被诟病多年，由此而带来的财政、税务部门和社会保险经办机构之间的推诿、扯皮也严重影响着基金的征缴效率，成为基金监督管理环节的一个顽疾：社会保险基金监督机构如何去监督在政府序列里强势的税务部门的征缴工作？从长远来看，这个问题不解决，会越来越难以解决。但如果中央政府下决心，还是能够从根本上解决的。就如同前几年的公路养路费改为燃油税的改革，由于中央政府痛下决心，实现了十几万养路费征收人员的分流，最终还是解决了养路费改革的重大问题。

为解决此问题，可以修改 1999 年颁布的《社会保险费征缴暂行办法》，根据《社会保险法》中"统一征收"的规定颁布新的《社会保险费征缴条例》。只要全国政令统一、机构统一，基金入口的征缴环节的监督管理体制将真正能够理顺，在征缴环节的"跑冒滴漏"现象会大量减少。

二、社会保险基金分类投资运营以实现保值增值

《社会保险法》第 69 条规定：社会保险基金在保证安全

的前提下，按照国务院规定投资运营实现保值增值。其实，这里需要进行"投资运营"的主要是指养老保险个人账户基金，它应该与养老保险基金统筹部分，以及医疗、失业、工伤、生育四项基金区别管理，分类运营，分类监督。

养老保险个人账户基金会伴随劳动者一生，其保值增值的重要性不言而喻。《社会保险法》第 14 条规定，养老保险个人账户记账利率不得低于银行定期存款利率，这只是一个最低限。如果只是拿到了银行存款利率，劳动者何必要把钱交给社保来存，而不自己存呢？从世界范围来看，养老金作为战略投资者，只有长期投资以股市和债市为实体经济代表的资本市场，收益率才能最终战胜通货膨胀率，战胜银行存款利率，这需要尽快制定配套的《养老保险个人账户基金投资管理办法》，规范投资运营行为，解决保值增值问题。

对于除养老保险个人账户基金之外的其他社会保险基金，保值增值的重点是其现收现付的结余部分。《社会保险法》中明确了社会保险行政部门和社会保险经办机构作为主管部门的责任，但没有明确财政部门定向发行"社会保险特种国债"的责任，以解决地方社会保险经办机构无处购买国债的问题。调研中我们发现，目前各省的五项社会保险基金结余大多数以活期的形式存在财政专户中，贬值的风险在目前 CPI 高企的情况下更为触目惊心。将来应当通过国务院颁布《社会保险基金监督管理条例》来具体规定各项基金的投资、管理，财政部门可以根据当月 CPI 的数据确定所发行的社会保险特种国债利率，比如为 CPI + 0.5%，以确保社会保险基金的收益率高于通货膨胀率。

对于养老保险个人账户基金，立法的焦点是如何实现增值。《社会保险法》第 14 条规定：养老保险个人账户记账利率不得低于银行定期存款利率。个人账户养老金如果只是拿到了银行存款利率而不能增值的话，何必要交到政府手上呢？《社会保险法》第 69 条规定：社会保险基金在保证安全的前提下，按照国务院规定投资运营实现保值增值，养老金投资资本市场已经被扫清了法律障碍。在目前《社会保险法》的实施中，社会各界最关心的就是如何"投资运营"以实现该法条中的"保值增值"。普通老百姓希望自己未来的养老金能够保值增值，从而能够安享晚年；股民、基金经理则十分关心养老金何时能够入市，给资本市场输送源源不断的新鲜血液。但由于《社会保险法》只是一个原则性规定，不具可操作性，所有人都翘首企盼投资运营的"国务院规定"，以打通养老金和资本市场之间的藩篱，一方面促进养老金的保值增值，另一方面促进资本市场的健康发展。

目前中国资本市场目前已经成长为世界第三大市场，但股市并未成为高速发展的中国经济的晴雨表，很多人因此而认为养老金入市是"羊入虎口"，如何防范养老金入市的风险是所有人必须慎重考虑的核心问题。在目前的情况下，养老金存放在财政专户并不安全，而是每天都面临贬值的压力；而全国社保基金理事会多年的股市投资经验表明，养老金投资资本市场也未必不安全。参照全国社保基金投资管理办法，可以由国务院根据《社会保险法》配套颁布具有操作性的《养老保险个人账户基金投资管理办法》，以规范养老金的投资运营，确保养老金的安全性、收益性、流动性，为中国养老金融的大发展奠定法律基础。

三、社会保险基金监督管理信息公开制度建设

阳光是最好的防腐剂。很多国家都制定法律，把政府运用

权力的全过程置于社会的监督之下，美国还针对养老金制定了《福利与养老金计划披露法案》，从实践来看，成效显著。我国的一些地方政府已先行作出了有益的尝试，如武汉市制定了《武汉市政府信息公开暂行规定》、深圳市政府制定了《深圳市政府信息网上公开办法》。国务院制定的《中华人民共和国政府信息公开条例》已于 2007 年 4 月 26 日公布，把政府行为置于社会的监督之下已成趋势。

对于社会保险基金监管机构而言，不仅社会保险经办机构、投资机构要信息公开，而且社会保险基金征缴、管理、投资运营和支付都置于社会的监督之下。《社会保险法》第 70 条规定：社会保险经办机构应当定期向社会公布参加社会保险情况以及社会保险基金的收入、支出、结余和收益情况。实际上，全国社保基金理事会自成立之日起就每年公布年报，对社会保险基金的运营管理就是一个很好的借鉴。

由于《社会保险法》只是规定了"定期公布"，对公布的时间间隔、公布的具体内容未做详细规定，未来的《社会保险基金监督管理条例》应当详细规定社会保险基金公开的范围、内容和方式，只要不涉及国家机密、个人隐私和商业秘密，所有信息都要向社会公布，接受社会的监督。目前很多地方都开办了社保经办机构大厅，同时也成了信息公开大厅。与此同时，应当利用互联网这一现代通讯工具，设置网上查询系统，使社会保险权利所有人能随时查询到账户上个人养老、医疗等账户中的金额及其他相关信息，形成网上虚拟的信息公开大厅。当对社会保险基金的监管从纪检、检察部门有限的监督转向公开的社会监督之后，社会公众无数双眼睛会揭露出哪怕一丁点的瑕疵，法律的公平、公正和社会的正义将真正得以发扬光大。

四、建立健全社会保险基金的预算、决算审计制度

有效进行财政调控和监督的前提是定期编制预算案制度和有效的、能反映现实问题的决算制度。美国联邦社会保险基金每年需向国会报告社会保险基金的收支状况，并根据保险精算提出短期（10 年）和长期（75 年）基金的状况预测，根据长期预测就联邦社会保险基金的投资和征缴提出相应的建议。

预算是社会保险经办机构进行预算管理和经济管理的基础，它能确保法律规定的支出项目能够及时得以履行，决算案则用于证明已确认的预算案是否得到了合理的执行，是否遵守了有关预算的规定，以及为下一年度的预算案编制提供依据。目前我国的社会保险基金预决算制度还不太完善，规定很不具体，《社会保险基金财务制度》仅规定"年度终了前，经办机构应按照财政部门规定的表式、时间和编制要求，根据本年度预算执行情况和下年度基金收支预测，编制下年度基金预算草案"。未来在《社会保险基金监督管理条例》中应规定相应的法律责任，针对我国社会保险基金预决算制度规定过于简单、原则和难以操作的现实，应借鉴世界发达国家的经验，应根据人口、劳动力、就业、经济增长速度、社会最低生活保障需求等经济参数，进行立法前的经济分析，通过保险精算等手段科学地确定各项保险基金的筹资来源、收费比例、不同主体的负担比例、各项社会保险基金的总收入、各项保险金的支付比例和总支出等，以求实现社会保险基金收、支的总体平衡，各项社会保险基金收、支的专项平衡，社会保险基金收、支的当前平衡与长远平衡。

与此同时，完善的社会保险基金审计制度对社会保险基金的法律监管具有特殊的意义。社会保险基金监管的目的是降低

社会保险基金运行中的风险和保值增值。在社会保险基金运营的所有环节中，投资环节的风险性最大，因此，完善投资领域的监管制度，加快培育精算、会计、审计事务所和风险评级公司等中介机构，加强对基金的监督。这方面，全国社会保险基金理事会已经积累了一些经验，例如年报制度、选聘基金管理公司的招投标制度等，特别是基金管理人选择过程的公开、透明、竞争，可以杜绝；可以选聘会计师、律师事务所这样的中介机构加强对基金的监督，力争使中介机构做出独立、客观、公正的审计、监督结果，中介机构必须对其出具的结果负明确的法律责任。

五、修订《刑法》为《社会保险法》装上牙齿

《社会保险法》第十一章规定了法律责任，因为没有罚则的法律几乎等同于一纸空文。其中第 94 条规定："违反本法规定，构成犯罪的，依法追究刑事责任。"然而，由于目前《刑法》中尚无关于社会保险犯罪的任何条款，因此在《刑法》中增加相应条款就成为未来《社会保险法》真正具有威慑力的关键。

随着目前中国社会保险工作的深入开展，社会保险基金的征缴、运营、管理、支付业务越来越繁重，涉及金额也越来越大。由于社会保险基金涉及的环节多、链条长，风险点自然增多。但是由于我国社会保险法才刚刚颁布，社会保险法律制度还远未完善，挪用、冒领等社会保险违法行为时有发生，为我国尚且脆弱的社会保障体系带来了大量问题。从我们此前对 18 个省市的社保基金监管立法调研情况来看，所有省份都不同程度地存在着社会保险欺诈和基金挪用行为。例如在征缴环节，参保单位有故意隐瞒缴费基数、缴费起始时间和漏报人

数、篡改雇员身份的现象，或者故意瞒报基数使补缴金额达不
到实际应补缴额；在支付环节，退休人员死亡后其家属还继续
领取退休金，医疗保险基金被冒领、串通报销的则更多。

　　堵塞挪用和欺诈的漏洞还是要靠法律。根据我国《民法》
和《合同法》中合同欺诈者应当承担法律责任的规定，以及
《刑法》中合同诈骗罪、诈骗公私财物罪的规定，挪用和欺诈
行为必须承担法律责任。可以参照《刑法》第198条所规定
的保险诈骗罪，根据即将实施的《社会保险法》，将来在《刑
法》修改中增加"挪用社会保险基金罪"和"社会保险诈骗
罪"，以解决目前即使侦破了基金挪用和社会保险欺诈的案件
却只能采取其他罪名起诉的尴尬。如宁夏石嘴山医保中心负责
人及其亲属挪用3000余万医保基金案中，由于《刑法》中没
有"挪用社会保险基金罪"的罪名，最终只能以"挪用公款
罪"判处三名主要被告无期徒刑。罪名的牵强和法庭内的交
锋，凸显了《刑法》中无社会保险违法相关罪名的尴尬，社
会保险违法相关罪名入《刑法》正当其时。

　　为了完善社会保险反欺诈法律体系，作为《社会保险法》
的配套法规，未来的《社会保险基金监督管理条例》中一个
重要的内容就是社会保险反欺诈。借鉴英国、美国、澳大利亚
等国社会保险反欺诈立法的经验，以及我国部分地方政府如陕
西省、广东珠海、云南楚雄等地已经推出的地方性社会保险违
法举报奖励办法，建议由中央人力资源和社会保障部起草适用
于全国的《社会保险基金反欺诈管理办法》，以部门规章的形
式进行立法，以统一全国的社会保险反欺诈工作。这样可以形
成完善的社会保险反欺诈法律法规体系，通过震慑社会保险欺
诈违法、犯罪行为来确保社会保险基金的完整和安全，从而保
障每个社会保险受益人的未来。

后 记
POSTSCRIPT

从 2009 年开始国家社科基金课题《社保基金监管立法研究》正式开题到现在已经 4 年了。在承担本课题研究的过程中，《社会保险法》获得全国人大批准并于 2011 年 7 月 1 日开始正式实施，为本课题设立了上位法。与此同时，对全国 18 个省份进行了社保基金监管立法调研，获得了大量第一手资料，为本课题的完成奠定了基础。

承担本课题研究的四年也是我国养老金的问题越来越突出的四年，特别是 2012 年以来，推迟退休年龄、养老金缺口等问题从少数人的研究变成社会广泛关注的公众事件。习李新政伊始提出的民生优先策略，在养老金领域，只能进行顶层设计，方可避免过去头痛医头、脚痛医脚的碎片化思路，通过养老保险体制改革来保障中国人的未来，而养老金监管立法可以实现对养老金最基本的保护。然而，仅仅保护是不够的，未来的中国需要的是养老金的顶层设计，也是笔者未来进一步研究的重点。

在养老金制度的顶层设计中，目前最重要的是加快我国养老金监管立法的步伐，通过完善的立法、严格的执法，保证养老金体系的有序运行、健康发展，保障中国公民的未来。

胡继晔

2013 年 6 月

图书在版编目（CIP）数据

论养老金监管立法 / 胡继晔著. —北京：中国政法大学出版社，2013.8

ISBN 978-7-5620-4833-6

Ⅰ.①论… Ⅱ.①胡… Ⅲ.①退休金－监管制度－立法－研究－中国 Ⅳ.

①D922.554

中国版本图书馆CIP数据核字(2013)第164606号

书　　名	论养老金监管立法　Lun Yanglaojin Jian'guan Lifa	
出版发行	中国政法大学出版社(北京市海淀区西土城路25号)	
	北京 100088 信箱 8034 分箱　邮编 100088	
	http://www.cuplpress.com（网络实名：中国政法大学出版社）	
	58908325(发行部)　58908334(邮购部)	
编辑统筹	第三编辑部　010-58908289　zonghebianjishi@gmail.com	
承　　印	固安华明印刷厂	
规　　格	880mm×1230mm　　32开本　　7.25印张　　165千字	
版　　本	2013年8月第1版　　2013年8月第1次印刷	
书　　号	ISBN 978-7-5620-4833-6/D·4793	
定　　价	24.00元	

声　　明　　1. 版权所有，侵权必究。

　　　　　　2. 如有缺页、倒装问题，由出版社负责退换。